버티고 견디고 살아내라

KB193099

버티고
견디고
살아내라

안호성

규장

하나님의 최고 관심사는 우리의 회복이다

'모의수능에 단골로 등장하는 작가'인 최승호(숭실대 문예창작과 교수) 시인은 그의 시 〈북어〉, 〈아마존 수족관〉, 〈대설주의보〉 등이 시험에 단골로 출제되는 것으로 유명하다.

그는 한 인터뷰에서 "내 시가 나온 대입 시험 문제를 풀어봤는데 작가인 내가 다 틀린다. 그래서 지금은 안 풀어본다. 작가의 의도를 묻는 문제를 진짜 작가가 모른다면 누가 아는 건지 참 미스터리"라고 쓴소리를 했다.

참 황당하고 우스운 이야기가 아닌가? 시를 쓴 작가가 자신의 시가 담고 있는 의미와 의도를 가장 잘 알 것 아닌가? 그런데 작가가 아닌 다른 사람들이 자기 마음대로 시의 목적과 의도를 단정 짓고 그것을 정답으로 규정해버린다.

우리가 지금 그런 실수를 범하고 있는 것은 아닐까? 우리를 향한 하나님의 뜻과 목적은 하나님이 가장 정확하게 아시는데, 우리가 그 목적과 의도를 오해하고 왜곡하며 내 마음대로 절망하고 낙심하여 하나님을 의심하고 원망한다.

> 여호와의 말씀이니라 너희를 향한 나의 생각을 내가 아나니 평안이요 재앙이 아니니라 너희에게 미래와 희망을 주는 것이니라 렘 29:11

하나님이 우리에게 주시는 고난과 역경, 때로는 책망과 심판의 목적은 우리를 버리고 파멸시키는 데 있지 않다. 언제나 우리의 회복이 하나님의 최고 관심사이며 우리에게 희망을 주시는 것이 그분의 목적이다. 이것은 창조의 순간부터 지금까지 우리를 향해 영원토록 변치 않으시는 하나님의 마음과 뜻이다.

원치 않는 실패와 가난과 질병 가운데 있는가? 답답한 영적 침체와 사역의 위기 가운데 낙심하는가? 끝이 보이지 않는 진로 문제, 물질 문제, 관계 문제, 자녀 문제로 절망하는가? 이 책을 통해 당신을 향한 하나님의 분명한 약속과 선명한 음성을 듣게 되길 바란다.

"사랑하는 내 아들아, 사랑하는 내 딸아…!
너희를 향한 내 뜻이 이루어져 회복하고 역전하고 응답받고
반전의 대역전, 반전의 드라마가 완성될 때까지
제발… 제발… 제발…
버티고… 견디고… 살아내라!"

이 책을 읽는 모든 이들이 고난을 통해
'나의 하나님'을 만나길 응원하며

세상에서 가장 행복한 주의 종
안호성

PART 2

고난을 끝까지 돌파하라

어리고 미성숙한 신앙에서 벗어나,
하나님의 고급 어휘를 이해하는
성숙한 신앙인이 되어야 한다。

PART 1

고난을
새롭게
해석하라

chapter

1

고난, 하나님나라의 문해력으로 이해하기

두려워하지 말라 내가 너와 함께함이라 놀라지 말라 나는
네 하나님이 됨이라 내가 너를 굳세게 하리라 참으로 너를
도와주리라 참으로 나의 의로운 오른손으로 너를 붙들리라
사 41:10

2022년에 한 웹툰 작가의 사인회가 예정됐던 카페 측에서 시스템 오류가 발생한 일로 "예약 과정 중에 불편을 끼쳐 드린 점, 다시 한번 심심한 사과 말씀 드립니다"라는 사과문을 올렸다. 그랬더니 그 글에 비난하는 댓글이 줄을 이었다.

"사과하려면 똑바로 하세요. 사과하면서 심심하다니."
"심심한 사과? 난 하나도 안 심심해."
"심심한 사과 때문에 더 화나는데…. 꼭 '심심한'이라고 적어야 했나요?"
"어느 회사가 사과문에 심심한 사과를 줌?"

이것은 사과문의 '심심한'(甚深한, 마음의 표현 정도가 매우 깊고 간절한)을 '하는 일이 없어 지루하고 재미가 없다'라는 의미의 우리말 '심심하다'로 잘못 이해해서 벌어진 일이었다.

이뿐만이 아니라 '금일'(今日, 오늘)을 '금요일'로 잘못 알아서 실수하고, '고지식하다'(성질이 외곬으로 곧아 융통성이 없다)를 '高-知識(높은 수준의 지식)이 있다'로 이해해서 부러워하는 등 요즘 젊은 세대의 낮은 문해력이 걱정스러울 정도다.

'심심하다'라는 말은 정중한 표현인데, 고급 어휘를 이해하지 못하는 젊은 세대의 얕은 지식과 미성숙함을 보면서 문득 '우리의 신앙도 그렇지 않을까?'라는 생각이 들었다.

하나님이 우리에게 "고난"이라고 말씀하실 때, 믿음이 없는 사람은 '짜증, 실패, 좌절, 절망, 슬픔'으로 이해하며 분노하지만, 하나님의 어휘를 이해하는 성숙한 믿음이 있는 사람은 '하나님의 섭리로 나를 결국 이롭게 하심, 하나님의 큰 그림 가운데 나를 더욱 복되게 하심, 하나님의 크신 계획 안에서 나를 더 존귀하게 하실 기회'라고 받아들인다.

하나님의 고급 어휘를 알아야 한다. 어리고 미성숙한 신앙에서 벗어나, 하나님의 고급 어휘를 이해하는 성숙한 신앙인이 되기를 바란다.

고난의 유무가 아니라 소망의 유무

고난과 아픔의 시간은 하나님이 나를 떠나거나 버리신 시간이 아니라 오히려 나와 함께하시는 시간이다.

두려워하지 말라 내가 너와 함께함이라 놀라지 말라 나는 네 하나님이 됨이라

⋯ 사 41:10

고난을 겪는 사람은 하나님이 미워하고 버리신 자고, 고난이 없고 형통한 사람은 하나님이 사랑하시는 자라고 생각하는가? 절대로 그렇지 않다. 우리 하나님은 절대로 고난을 통해 사랑하는 자와 버린 자를 나누시는 분이 아니다.

하나님은 형통과 평탄함, 부요와 축복만으로 사랑을 표현하지는 않으신다. 아픔과 어려움 중에 함께하며 도우시고, 고통 중에 위로와 소망을 주셔서 우리를 향한 사랑을 드러내신다. '고난'이라는 확성기를 사용하여 우리를 일깨우시고, "내가 너를 사랑한단다"라고 말씀하시며 그분의 마음을 들려주신다.

그러므로 하나님의 사랑을 분별하는 기준은 고난의 유무가 아니라 소망의 유무다. 고난 중에도 말씀이 있고 하나님의 위로와 소망이 있다면 그가 바로 하나님이 사랑하시는 자다.

그럼에도 많은 사람이 고난과 아픔을 겪을 때 '하나님이 나를 버리고 떠나셨다'라고 생각하며 하나님께 섭섭함을 느낀다. 그런데 그것은 마귀가 주는 생각이다.

고난 중에 가장 두렵고 위험한 것은 고독감이다. 문제만으로도 버겁고 어려운데, 나를 더 힘들게 하고 무너뜨리는 가장 큰 함정은 '나는 버림받았다, 모두가 나를 떠나가고 나 홀로 남았다, 난 혼자다'라는 처절한 고독감이다.

마귀는 당신에게 찾아온 고난과 아픔을 이용해 하나님과 당신을 이별하게 만든다. 마귀의 비열한 수작이 바로 당신의 마음에 고독감과 외로움을 심어 하나님으로부터 고립시키고, 불안감을 심어주어 하나님을 의심하게 만드는 것이다.

하나님의 사랑을 의심하게 하고 하나님과 나 사이를 갈라놓으려는 마귀의 간교한 계략에 넘어가면 안 된다. "두려워하지 말라. 내가 너와 함께하리라"라는 하나님의 음성에만 귀를 기울여야 한다.

> 내가 산을 향하여 눈을 들리라 나의 도움이 어디서 올까 나의 도움은 천지를 지으신 여호와에게서로다 여호와께서 너를 실족하지 아니하게 하시며 너를 지키시는 이가 졸지 아니하시리로다 이스라엘을 지키시는 이는 졸지도 아니하시고 주무시지도 아니하시리로다 시 121:1–4

하나님이 주시는 것이 내게 가장 선하다

고난은 실패와 손해의 시간이 아니라 바로 유익의 시간이다. 고난을 통해 하나님은 우리를 오히려 더욱 굳세게 하신다.

> … 내가 너를 굳세게 하리라 참으로 너를 도와주리라 참으로 나의 의로운 오른손으로 너를 붙들리라 사 41:10

하나님은 내게 닥친 고난만 간신히 이겨내고 벗어나게 하시는 게 아니라, 고난을 통해 나를 이전보다 굳세게 하시고 강하고 존귀하게 만들어주시는 분이다.

요셉의 고난은 죽을 것 같은 아픔이었고, 다윗이 골리앗을 만난 것은 처절한 생존 문제였으며, 이스라엘 백성과 모세가 맞닥뜨린 시퍼런 홍해 바다는 진퇴양난의 위기였다.

그런데 그 결론을 보라. 요셉은 고난 때문에 총리가 되었고, 다윗은 골리앗을 대적한 그 사건으로 훗날 이스라엘의 왕이 되었다. 이스라엘 백성 앞에 펼쳐진 두려운 홍해는 바로의 철병거, 즉 지긋지긋하게 나를 따라오며 놓아주지 않던 과거의 모든 문제, 죄의 습성, 나를 노예로 잡고 있던 그 과거가 수장되는 무덤이 되었다.

고난의 목적은 그 고난 때문에 내가 손해만 보거나, 고난만 간당간당 이겨내고 겨우 통과해서 살아남는 데 있지 않다. 하나님은 그 가운데 큰 그림을 가지고 고난을 통해 나를 더 굳세고 존귀하게 하시며, 우리를 부흥시키신다.

사랑한다면 사랑하는 자를 신뢰해야 한다. 사랑은 믿음이다. 믿는 게 사랑이고, 사랑하는 게 신뢰다. 우리가 하나님을 사랑한다면, 그분이 주시는 것이 내게 선하고 유익함을 믿어야 한다. 하나님을 사랑한다면 그분의 사랑도 믿으라. 그분이 주신 모든 것이 선한 것임을 믿어야 한다.

열이 38도까지 오르는데도 아기가 입을 앙다물고 쓴 약을 거부하자 결국 엄마는 아기의 팔다리를 잡아 꼼짝 못 하게 하고 입을 강제로 벌려서 억지로 약을 먹였다. 충격을 받은 아기는 생각한다. '드디어 올 게 왔다. 이 아줌마가 드디어 본색을 드러냈구나. 내 엄마는 어딘가 다른 곳에 계신다!'

정말 그런가? 아니다. 고난은 죽을 것같이 써서 먹고 싶지 않지만, 그것 때문에 살아나는 것이다. 쓴 약을 먹이는 부모의 마음이 바로 그러한 사랑이다.

아내가 내게 홍삼을 챙겨준다. 이것도 쓰다. 차라리 콜라를 챙겨주면 좋겠다. 하지만 홍삼이 쓰더라도 나에게 좋은 것이라서 주는 것이 사랑이고, 또한 그것을 먹는 믿음이 사랑이다.

하나님은 우리를 누구보다도 더 사랑하신다. 내가 나를 사랑하는 것보다 하나님이 나를 더 사랑하신다. 그러니 그분이 주시는 것이 내게 가장 선한 것임을 믿으며 나아가야 한다.

미성숙한 자는 매번 고난만 생각하다 끝난다

철없는 아이는 부모에게 야단맞을 때 어떻게 혼났는지에만 집중한다. 빗자루로 손바닥을 맞았고, 구구단을 10번 썼고, 일주일 외출 금지를 당했다는 것만 생각한다. 이처럼 훈계와 책망에만 관심이 있는 아이는 미련하고 미성숙한 사람이다.

그렇다면 성숙한 아이는 혼날 때 무엇에 관심을 가질까? 그 훈계와 책망의 '목적'이다. 내가 왜 혼났는지, 부모님과 선생님은 이

훈계를 통해 나의 어떤 점을 고치고 내게 무엇을 가르쳐주려 하시는가를 생각한다.

성도도 그렇다. 미성숙한 성도는 고난이 오면 "으악, 고난! 고난!"이라고 하면서 '고난'에만 집착한다. 홍해를 만나면 얼마나 깊은지, 여리고성을 만나면 얼마나 두꺼운지, 골리앗을 만나면 얼마나 키가 크고 어떤 무기를 가졌는지에만 관심을 둔다. 그래서 고난당하면 매번 고난만 연구하다가 끝난다.

당신은 혼나고 고난을 겪는 그 자체에 집착하지 않고, 이 일을 통해 하나님께서 나를 어떻게 이끌어가려고 하시는지, 고난과 훈계의 목적에 관심을 두는 지혜롭고 분별력 있는 성숙한 사람이 되기를 바란다.

형제들아 우리가 아시아에서 당한 환난을 너희가 모르기를 원하지 아니하노니 힘에 겹도록 심한 고난을 당하여 살 소망까지 끊어지고 우리는 우리 자신이 사형선고를 받은 줄 알았으니 이는 우리로 자기를 의지하지 말고 오직 죽은 자를 다시 살리시는 하나님만 의지하게 하심이라 **고후 1:8,9**

주의 종인 사도 바울도 죽을 것 같은 환난과 고통을 겪었다. 너무 힘들어서 내 인생 내 목회 끝난 것 같고, 아니, 이제는 차라리 끝내고 싶은 심정일 때 사람들은 대개 하나님을 의심하고 원망하다가 결국 떠나간다.

성숙한 사람은 '심심'한 위로와 '고지식'한 것의 의미를 이해한다. 사도 바울은 하나님의 '고급' 어휘를 이해하는 성숙한 사람이었다. 그는 '아, 사형선고같이 힘겨운 이 환난은 이제부터 내가 나를 의지하지 않고, 오직 죽은 자도 다시 살리시는 하나님만 의지하게 하시려는 거구나' 하고 이해하며, 이어서 10절에서는 자신을 건지셨고 이후에도 건지실 하나님을 의지한다.

당신도 그 하나님께 자신을 의탁하라. 자기 힘과 지식, 연륜과 기술로 살려고 하지 말고, 오직 죽은 자도 살리시는 하나님을 의지하는 데 마음을 쏟으라. 고난은 절망의 시간이 아니다. 겸손을 배우는 시간이고, 무릎으로 나와야 하는 시간이다.

내 힘으로 아무것도 할 수 없고 나의 무기력과 연약함으로 한없이 초라함을 느낄 때는 내가 버려진 게 아니라 비로소 하나님이 나를 들어 쓰실 때라는 것을 기억하고, 나의 미천함을 인정하라. 하나님의 의도와 목적대로 끝까지 버텨내면 당신은 더 굳세고 강해져 있을 것이다.

당신의 철병거를 의지하지 말라

함께하며 돕고 붙들어주겠다고 하신 이사야서 41장 10절의 약속 말씀은 언제 이루어질까?

버러지 같은 너 야곱아, 너희 이스라엘 사람들아 두려워하지 말라 나 여호와가
말하노니 내가 너를 도울 것이라 네 구속자는 이스라엘의 거룩한 이이니라

사 41:14

"버러지 같은 너 야곱아!"

이스라엘 백성에게는 저마다 의지하는 것이 있었다. 이것을 힘입으면 이 문제와 어려움을 돌파할 수 있으리라고 착각하여 애굽을 의지했고, 외교와 군사 전략을 따랐고, 철병거와 마병을 구걸했다. 그러나 하나님은 그게 아니라고 하신다.

그분이 언제 역사하고 도우시는가? 내 힘으로는 스스로 아무것도 경영할 수 없음을 깨닫고 내 존재가 미천함을 인정할 때다. 내가 하나님께 붙들려야만 승리할 수 있음을 고백할 때, 하나님이 내 삶에 개입하신다.

그런데도 우리는 저마다 의지하는 철병거가 있다. 군사력을 가늠하며 마병의 숫자를 세고, 외교 전략을 짜서 애굽에 구걸하고 여러 나라와 동맹을 맺으려고 한다. 하지만 전부 끊어지고 밑바닥까지 내려올 때까지 하나님은 나서지 않으신다. 하나님을 의지하지 않고 나의 철병거를 의지했기 때문이다.

교만한 자들은 하나님의 은혜가 없어도 된다. 그 은혜가 없어도 인간적인 관계와 정치로 산다. 하나님이 없이도 경영 시스템과 재정으로 충분히 잘살 수 있는 교회도 있다. 하지만 아무리 좋아

보이고 즐거워도 그것은 재앙이다.

　모든 것을 다 갖추었어도, 은혜가 없으면 살 수 없다. 그것을 아는 것, 주님이 나를 붙들지 않으시고 내 삶에 개입하지 않으시면 살 수 없다고 고백하는 것이 겸손이다.

　갓난아기가 엄마와 떨어져서 울어댈 때 돈을 주면 울음을 그칠까? "아파트 40평짜리 줄게"라고 말하면 "어, 정말요?" 하면서 솔깃해할까? 엄마를 부르며 울부짖고 늘어질 때는 간식이며 세상 부귀며 뭘 갖다줘도 안 된다. 오직 엄마가 있어야 만족한다. 겸손은 이런 것이다. 하나님이 아니면 안 되는 것.

> 가련하고 가난한 자가 물을 구하되 물이 없어서 갈증으로 그들의 혀가 마를 때에 나 여호와가 그들에게 응답하겠고 나 이스라엘의 하나님이 그들을 버리지 아니할 것이라 사 41:17

　오직 엄마로 만족하는 갓난아기처럼 하나님을 찾고, 그분의 은혜를 간절히 구할 때 하나님이 응답하신다. 가련하고 가난한 처지일 때, 물을 구하려고 몸부림쳐도 구할 수 없어 갈증으로 혀가 마를 때, 그렇기에 하나님밖에 없다고 항복하고 엎드리는 기도를 하나님은 기다리시고 응답하신다.

고난은 겸손으로 안내하는 초청장이다

20세기 기독교 변증론자이며 영국의 대표 작가이자 영문학자였던 C.S.루이스가 옥스퍼드대 교수로 재직할 때, 한 학생이 질문했다.

"교수님, 세상에는 왜 이렇게 설명할 수 없는 고난이 많이 일어나고 있습니까? 하나님이 정말로 살아계신다면 인간이 이런 고난을 겪지 않게 해주셔야 하는 것 아닙니까?"

그러자 루이스 교수는 이렇게 대답했다.

"이보게, 젊은이. 그렇지 않아도 인생은 교만한데, 만약 세상에 고난과 역경이 없다면 인생은 얼마나 더 교만해지겠는가?"

깊이 공감 가지 않는가? 안 그래도 이렇게 교만한데, 아픔과 어려움, 눈물 뿌리며 기도해야 할 사건이 없었다면 지금 우리는 어떻게 살아갈 뻔했는가? 고난이 유익한 또 다른 이유는 겸손을 가르쳐주는 통로이기 때문이다.

엘리야가 비구름을 기다리며 일곱 번의 간절한 기도를 드린 자리와 지쳐 쓰러진 '로뎀나무 아래'(왕상 19:4)는 그가 내 힘으로는 아무것도 할 수 없음을 고백하는 무릎 꿇음의 자리였다.

갈멜산에서 큰 영적 승리를 거둔 후 사실 엘리야는 교만해질 수 있었기에 위기였다. 이때 하나님은 그에게 문제를 허락하셔서 마음을 어렵게 하셨고, 결국 엘리야는 로뎀나무 아래 주저앉아 자기 생명을 거두어달라고 청한다.

하나님은 우리를 떠나지 않고 포기하지도 않으시지만, 교만한 자와는 결코 함께하실 수 없다. 그렇기에 최후의 방법으로 고난을 통해서라도 교만한 우리를 겸손의 자리로 옮기고 기도의 자리에 무릎 꿇게 하셔서 그분의 백성으로 삼으시고 함께해주신다.

그래서 그 두 곳은 결코 수치스러운 사역 실패의 현장이 아니라 교만의 위기를 겸손함으로 넘기고 다시 일어서게 한 복된 자리가 되었다.

> 너희 중에 고난당하는 자가 있느냐 그는 기도할 것이요 즐거워하는 자가 있느냐 그는 찬송할지니라 약 5:13

고난은 우리가 얼마나 미천한 존재인지를 확인하게 하고 교만과 자긍을 쳐부수어 나의 연약함을 알게 해준다. 나의 약함을 알고 인정할 때, 비로소 하나님이 우리를 도우신다.

그러므로 고난은 우리를 주님 앞에 겸손하게 무릎 꿇는 기도의 자리로 초대하는 초청장이다. 고난을 겪고 있는가? 문제와 어려움이 있는가? 병들고 관계가 끊어지고 재정이 마르고 가정에 깨어짐이 있는가? 그렇다면 기도의 자리로 나아와 겸손히 주님 앞에 무릎을 꿇자.

고통은 살아 있는 믿음의 영적 감지기

인도에서 20년간 한센병자를 위해 헌신한 폴 브랜드(Paul Brand) 박사는 "고통 없는 지옥을 맛보았다"라는 말을 했다. 고통 없는 '천국'이 아니라 '지옥'이라니 무슨 의미일까?

그가 환경과 위생 상태가 열악한 인도에서 병자를 돌볼 때 겪었던 가장 큰 문제는 굶주린 쥐가 밤마다 병실로 들어와 환자들의 살점을 뜯어먹는 것이었다. 그런데도 고통을 느끼지 못하는 환자는 아무것도 모른 채 잠만 자다가 아침에 일어나서야 멀쩡했던 손가락과 발가락이 없어진 것을 발견하게 된다.

이를 본 브랜드 박사는 '고통이 없는 것, 고통이 있는데도 못 느끼는 것이 지옥'이라는 생각이 들었고, 혼신의 노력을 기울여 인공 고통 경보기를 만들었다. 이 경보기를 온몸에 부착하고 있으면, 쥐가 살점을 물어뜯을 때 기계가 통증을 감지하고 경보음을 울려 주어 몸을 보호할 수 있는 것이다.

아픔을 느낄 수 있다는 사실은 감사할 일이다. 우리는 고통을 싫어하지만, 사실 고통을 느낀다는 것은 산 자의 특권이자 살아 있다는 증거다. 내가 아직 건강하고, 외부 환경에 저항하고 부딪치며 이것을 버텨낼 면역력이 있다는 뜻이기 때문이다.

자녀든 배우자든 그 누구든, 누군가의 문제로 기도하며 고통을 느끼고 있는가? 그것은 당신이 그를 포기하지 않았다는 증거다. 포기한 문제로는 더 이상 고통받지 않는다.

마라톤에는 '데드 포인트'(Dead Point)라고 불리는 죽음의 고비가 있다. 뛰다 보면 숨이 턱 밑까지 차올라서 도저히 한 걸음도 내디딜 수 없는 지점이 나오는데, 그 지점을 가리키는 말이다. 그런데 신기한 것은 그 데드 포인트를 지나면, 어느 순간 몸이 각성하면서 또다시 달릴 힘을 얻게 된다고 한다.

죽을 것같이 힘들고 어렵다면 어쩌면 그 문제의 '데드 포인트'를 지나고 있는 것인지도 모른다. 그 말은 당신이 아직 주저앉지 않고 달리는 중이라는 뜻이다. 아직 버텨내고 있다는 것이다. 포기하지 않았기에 고통스러운 것이다.

신앙생활에 어려움이 있다면 당신이 신앙 가운데 있으며 지금은 겸손을 배우는 시간이라는 뜻이다. 그 고통을 사랑하라. 그 고통을 인하여 하나님께 감사하라! 아픔과 고통을 통해 내가 살아 있음을 확인하는 것 또한 고난의 유익이기 때문이다.

> 부당하게 고난을 받아도 하나님을 생각함으로 슬픔을 참으면 이는 아름다우나 벧전 2:19

성경은 우리가 부당하게 고난을 받아도 하나님을 생각함으로 참으면 이는 아름답다고 말씀한다. 하나님의 말씀을 지키고 순종하느라 고난을 받을 때 감사하고 인내하면 그 길은 복되고 아름답다는 것이다.

고난이 오면 그 사람의 진짜 믿음이 드러난다. 고난에 대한 반응은 그의 진짜 믿음을 알려주기 때문이다. 고난이 왔을 때 이 고난을 주신 이유와 목적에 관심을 갖는 성숙함을 지니고, 하나님께 순금 같은 믿음을 보이고 드러내며, 하나님의 뜻을 완전하게 이루어 드리는 귀한 성도가 되기를 간절히 바란다.

살아 있는 자는 세상과 충돌한다

고통은 개인의 삶에만 있지 않다. 그것은 세상에 저항하고 죄악과 싸우며 내가 하나님의 믿음으로 살아내고 있음을 느낄 수 있는 영적 센서(sensor)이기도 하다.

나의 전작 《좋은 것보다 위대한 것을 선택하라》(규장)의 11장 제목이 〈저항과 충돌은 살아 있다는 증거〉다. 그 장에서 나는 살아 있는 사람과 시체의 체온을 한 예로 들었다.

산 사람의 체온은 한여름 40도 무더위에도 36.5도, 다음 날 외국 가서 영하의 날씨에 다녀도 36.5도다. 환경이 변해도 어떻게든 저항해 체온을 유지한다. 그러나 시체의 체온은 40도 찜질방에서는 40도가 되고, 영하 4도의 냉동고에서는 똑같이 영하 4도가 된다. 저항하지 않고 그대로 받아들이는 것이다.

돈과 쾌락을 사랑하는 이 시대의 죄성에 고통을 느끼는가? 저항 없이 살아가는 사람은 아프지 않다. 이 세상과 이 시대를 본받아 병들었다면, 이 세상과 충돌하고 핍박받으며 고통스러울 이유가 없다. 그러나 시대의 대세를 따르지 않고 항거하며 죄악에 저항할 때는 손해도 보고 고통도 겪게 된다.

세상이 점점 당연시하고 합법화하려 드는 동성애는 인간의 쾌락을 따르는 욕망이다. 하나님은 이것을 중한 죄로 말씀하셨고, 동성애가 창궐한 민족과 제국은 멸망했다.

이러한 창궐은 심판이 도래한다는 가장 큰 신호이며 마지막 때의 증거다. 당신이 하나님 안에서 살아 있다면 어두운 세상과 부딪치고 저항해야 한다.

의를 위하여 박해를 받은 자는 복이 있나니 천국이 그들의 것임이라 마 5:10

예수님은 산상수훈에서 '팔복'을 말씀하실 때, 누가 봐도 도무지 복처럼 보이지 않지만 '의를 위하여 핍박을 받는 것'이 복되며 천국이 그런 자들의 것이라고 하셨다.

당신 혹은 자녀가 신앙 때문에 손해를 보거나 핍박받는가? 신앙 때문에 어떤 핸디캡이 있는가? 그렇다면 감사하라. 하나님의 나라와 의를 위하여 고통받고 손해 보는 영광된 자리에 있는 것, 특히 이 시대의 혼탁함에 물들지 않았기에 세상과 충돌하고 고난과 아픔을 겪는 것은 복된 것이다.

그래서 나는 누군가의 말처럼 핍박과 고난은 우리 기독교의 순수성을 확인할 수 있는 가장 확실한 방법이라고 말하고 싶다. 세상에 끌려다니며 돈 몇 푼에 비굴하게 무릎 꿇고 세상 권력 앞에 머리를 조아리는 겁쟁이가 아니라 당당하게 시대의 불의에 저항하고, 아닌 것은 아니라고 담대히 꾸짖을 수 있는 자로 사는 것은 크나큰 복이다.

고난의 때마다 믿음을 새롭게 하라

독일의 정치가 비스마르크는 "우리 인생에서 행복한 순간은 24시간이 넘지 않을 것이다"라고 했고, 작가이며 철학자인 괴테는 "인생을 통틀어 정말 즐거운 시간은 4주도 안 된다"라는 회의적인 고백을 했다.

그들이 말하는 행복이란 인생에서 어떠한 염려와 근심, 문제와 부족함도 없는 완벽한 순간일 것이다. 그들은 그런 행복한 순간만 모으면 24시간, 혹은 다 합쳐도 4주를 넘지 않을 거라는 비관적이고 회의적인 시각으로 보았다.

결국 우리 삶에는 항상 어떤 문제와 아픔, 고난이 늘 상존한다. 한 가지 문제가 풀려도 다른 근심거리가 남아 있고, 상황이 좋아지면 머지않아 다른 문제가 생긴다.

그러니 인생의 지혜는 걱정거리 하나 없는 완벽한 삶을 기대하면서 하나님께 고통과 문제가 하나도 없게 해달라고 구하는 게 아니다. 고난과 어려움에 잘 대응해서 불행하고 불만족스러운 시간을 오히려 행복한 시간으로 만드는 것이 인생의 지혜다.

그러기 위해 고난의 때마다 '고난을 느끼는 것을 보니 내가 살아 있고 아직도 포기하지 않았구나', '하나님은 나와 함께 계시고 나를 떠나지 않으셔', '고난을 통해 나는 더 정결하고 존귀해질 거야'라고 생각하고, 그 믿음을 새롭게 하는 것이 필요하다.

chapter

2

실패가 아니라
'하나님의 한 수'다

이는 내 생각이 너희의 생각과 다르며 내 길은 너희의 길과 다름
이니라 여호와의 말씀이니라 이는 하늘이 땅보다 높음같이 내 길
은 너희의 길보다 높으며 내 생각은 너희의 생각보다 높음이니라

사 55:8,9

언젠가 집에서 우리 아이가 "아빠! 오늘은 맥주감사주일이에요!" 라고 하기에 "'맥주'가 아니라 '맥추'란다"라고 정정해준 적이 있다. 맥추감사절이란 어떤 날인가?

하나님이 이스라엘 백성을 출애굽 시키신 목적은 그들에게 자유를 주는 것을 넘어, 그분의 백성으로 삼으시는 데 있었다.

맥추절은 하나님께서 모세를 통하여 백성들에게 필요한 규율과 율법들을 가르치실 때, 지킬 것을 명령하신 날이다.

> 맥추절을 지키라 이는 네가 수고하여 밭에 뿌린 것의 첫 열매를 거둠이니라 수장절을 지키라 이는 네가 수고하여 이룬 것을 연말에 밭에서부터 거두어 저장함이니라 출 23:16

이 구절에는 맥추절과 수장절이라는 두 종류의 감사가 나온다. 수장절은 추수한 곡식을 저장하게 해주심을 감사하는 절기다. 풍족히 거두게 해주신 은혜를 감사하는 절기로, 오늘날로 말하면 추수감사주일이라고 할 수 있다.

맥추절은 아직 온전히 추수하고 완벽한 풍요를 얻은 것은 아니지만, 올해도 나를 지켜주실 것을 믿고 첫 열매를 거두게 해주신 하나님을 경배하고 감사하는 절기다.

추수감사주일이 한 해 동안 내게 주신 모든 결과를 감사하는 절기라면, 맥추감사주일은 아직 눈에 보이는 확실한 결과가 없고 부족하고 핍절한 미완성의 상황에도 하나님을 신뢰함으로 드리는 감사의 절기다.

우리의 상황이 늘 온전하거나 완벽한 것은 아니어서 여러 상황이 열악하고 처지와 형편에 부족함이 있고 해결되지 않은 문제가 남아 있을지라도 '맥추절'의 감사를 하나님께 드리자.

항상 기뻐하라 쉬지 말고 기도하라 범사에 감사하라 이것이 그리스도 예수 안에서 너희를 향하신 하나님의 뜻이니라 **살전 5:16-18**

그리스도 안에 머무는 모든 성도와 교회를 향한 하나님의 뜻은 항상 기뻐하고, 쉬지 않고 기도하고, 범사에 감사하는 이 세 가지로 점철된다. 어떤 상황에서도 하나님을 신뢰하고 감사하는 것이야말로 기독교 신앙의 본질이다.

기독교의 정신이 '감사'인 이유는 무엇인가. 기독교는 십자가 보혈의 은혜를 감사하는 데에서 비롯되었기 때문이다. 신앙은 절대 신뢰와 절대 감사다. 믿음과 신뢰는 반드시 '감사'로 표현돼야 한다.

전적인 신뢰와 전적인 감사

아무것도 염려하지 말고 다만 모든 일에 기도와 간구로, 너희 구할 것을 감사함으로 하나님께 아뢰라 그리하면 모든 지각에 뛰어난 하나님의 평강이 그리스도 예수 안에서 너희 마음과 생각을 지키시리라 빌 4:6,7

이 말씀에 두 가지의 중요한 요소가 나오는데 '전적인 신뢰'와 '전적인 감사'다.

전적인 신뢰는 아무것도 염려하지 않고 오직 기도와 간구로 하나님께 내 상황을 온전히 맡겨드리는 것이다. 이는 곧 염려와 절망으로 불평하는 것은 하나님의 뜻이 아니라는 의미다.

전적인 감사는 어떤 상황에서도 하나님의 방법과 계획을 신뢰하고 그분의 도우심을 기대하며 감사하는 것이다. 어떤 일을 하든지 기도와 간구로 하나님을 신뢰하고 감사하는 것이 그분의 뜻이다. 하나님은 절대로 실수하지 않는 분이심을 믿는다면 어떤 상황에서도 신뢰하며 감사할 수 있다.

전적인 신뢰와 감사는 하나님은 무조건 옳으시다는 선언과도 같다. "나는 한 치 앞도 알지 못하지만, 하나님의 뜻을 통해 내 삶을 승리의 길로 인도해주세요. 나를 통해 이루실 주는 완전합니다" 이렇게 주님을 인정하고 전적으로 신뢰하는 것이 믿음이다.

하나님은 믿고 감사하라고 하신다. 기독교 신앙은 감사의 신앙이다. 그리스도인의 하루는 감사로 시작해서 감사로 끝나야 하며, 그것은 그의 예배도, 그의 인생도 마찬가지다.

기독교 신앙에서 감사가 빠졌다면 그것은 가짜다. 그래서 신앙이 흔들릴 때는 가장 먼저 감사가 사라진다. 감사가 사라졌다면 곧 신앙의 위기가 올 것을 짐작할 수 있다.

오랜 시간 목회하면서, 감사하지 않는 사람이 아름다운 신앙의 열매를 맺는 것을 보지 못했다. 감사가 없다면 그 신앙은 틀림없이 오염되고 썩는다. 반면, 부족하고 아무것도 모르는듯한 신앙이어도, 감사가 넘치는 사람은 믿음의 열매를 맺었다.

기도와 감사는 하나님을 전적으로 신뢰할 때만 할 수 있다. 감사는 믿음과 직결되기 때문이다. 그리고 이 기도와 감사는 불평과 원망의 시작인 '염려'를 이기는 무기다. 기도는 멀리 보는 장기적인 시선이기에 끝까지 갈 수 있게 하고, 감사는 하나님이 이루실 선한 역사를 신뢰하며 나를 깨뜨릴 수 있게 한다.

어떠한 상황에서도 무조건 하나님께 감사하고 그분을 신뢰하는 것이 믿음이다. 전적인 신뢰와 감사를 하나님께 올려드릴 때, 하나님은 우리의 인생과 공동체를 기쁘게 받으시고 동행하며 역사하신다.

하나님의 수를 우리가 어떻게 헤아릴 수 있는가

'신의 한 수'라는 말을 들어보았는가. 기상천외한 묘책을 가리킬 때 많이 쓰는 말인데 하나님을 믿는 우리는 '하나님의 한 수'라고 표현할 수 있겠다.

동네 바둑에서는 한 번 돌을 놓을 때 세 수, 네 수만 봐도 나름 많이 보는 편이라고 한다. '내가 여기에 돌을 놓으면 저 사람은 저기에 두겠지. 그럼 나는 이렇게 대응하고⋯' 이렇게 상대방의 수를 예측하여 내다보는 것이다.

바둑 프로기사들은 돌 하나를 내려놓으며 무려 50수 정도를 내다본다는 말을 들은 적이 있다. 한 돌을 놓는 그 짧은 시간에 50수 정도를 앞서 내다보고 예측한다는 것이다.

동네 내기 바둑판에서 자기 딴에는 이기려고 열심히 바둑 두고 있을 때 지나가던 프로 기사가 다가와서 갑자기 "거기 말고 여기다 두세요" 하면 그 수가 이해될까? 기껏해야 3, 4수 내다보는 아마추어가 50수를 내다보는 프로 9단의 수를 온전히 이해할 수 있겠는가?

안 되는 게 당연하다. 그런데도 우리는 그것을 당연하게 여기지 못하고, 하나님께 "내 수준에서 역사해주세요"라며 어리석게 군다. 내 수준에서 역사하신 하나님이라면 그분은 하나님이 아니신 것이다. 프로 9단이 50수를 본다면 하나님은 1,000수, 10,000수를 보시는 분이다.

하나님을 우리 수준으로 전락시키지 말라. 우리가 하나님의 역사를 온전히 이해할 수 있다면 그것은 비극이고 재앙이다. 내 수준으로 충분히 이해할 수 있는 하나님이라면 이 얼마나 비극적이고 비참한가.

> 이는 내 생각이 너희의 생각과 다르며 내 길은 너희의 길과 다름이니라 여호와의 말씀이니라 이는 하늘이 땅보다 높음같이 내 길은 너희의 길보다 높으며 내 생각은 너희의 생각보다 높음이니라 사 55:8,9

하나님은 우리와 수준도 차원도 다르시다. 그렇기에 인간의 허접한 수로는 하나님의 수를 이해할 수 없다.

하늘이 땅보다 높듯이 하나님의 길은 우리의 길보다 높고, 그분의 생각은 우리 생각보다 훨씬 더 높다. 하나님의 수는 우리의 수보다 많고 뛰어나다. 우리의 낮은 수준으로는 도저히 이해할 수 없더라도, 하나님을 전적으로 신뢰해야 하는 이유가 바로 여기에 있다.

하나님이 이 수를 놓으라 하실 때

바둑에 '사석(死石) 작전'이라는 것이 있다. 상대방의 큰집을 먹기 위해 일부러 몇 수를 죽을 자리에 놓아 내 것 몇 집을 포기하는 작전이다. 그렇게 죽을 자리에 놓여 잡아먹히는 돌이 사석, '죽을 돌'이다.

고수(高手)는 그렇듯 대마(바둑에서 여러 돌로 넓게 형성된 형태)를 잡기 위해 일부러 몇 번 먹힐 수를 두기도 한다. 그 돌들이 잡힐 때마다 하수(下手)들은 그가 지고 있다고 생각하겠지만, 고수는 결국 상대방의 대마를 잡음으로써 대전에서 승리한다.

하나님의 역사는 그렇듯 때때로 실패처럼 보인다. 하나님께서 나를 아프고 곤란하게 만드시는 것 같고 실패처럼 보이는 수를 두시면 우리는 절망하고 불평한다. 나의 수준 낮은 눈으로 보면, 하나님의 수가 무능하게 패배한 것처럼 보인다. 하지만 그것이 '신의 한 수'다.

이사야는 예레미야와 함께 이스라엘에 심판을 경고하고 패망을 선포한 주의 종이다. 이스라엘이 돌이키지 않고 더욱 죄로 나아가자 결국 하나님은 그들을 통해 경고하신 대로 예루살렘을 불태우고 더 나아가 성전을 허무셨다.

인간의 수로 생각하면 이스라엘의 패망과 예루살렘성의 파괴는 처절한 패배로 보이고, 하나님은 냉정한 분처럼 느껴진다. 그런데 사실 그것은 '하나님의 한 수'이자 사랑의 증거였다. 하나님은 이스라엘 백성을 심판하실 수밖에 없었다. 그래야만 병들고 오염된 신앙과 영혼이 회복의 기회를 얻기 때문이다.

프로 9단이 "여기에 두세요" 하면 왜냐고 물어보는 게 무례한 거라고 한다. 그때는 왜 거기에 둬야 하는지 이해되지 않아도 일단 두는 것이다. 그러면 이후 풀려가는 과정에서 왜 여기에 두라는 거였는지를 이해하게 된다.

같은 사람끼리도 아마추어가 프로에게 "왜요? 내 생각엔 저기에 둬야 할 것 같은데요. 왜 여기 둬야 하는지 알려주면 둘게요" 하는 것은 무식하고 무례한 것인데, 우리가 하나님께 그 무례하고 무식한 짓을 얼마나 많이 하는지 모른다.

나의 지식과 경험, 능력과 판단력은 내가 생각해도 수준이 낮은데, 지존하신 하나님이 보시기엔 어떠할까? 수준이 낮은 자기 자신을 믿는 것은 위험한 일이다. 우리가 전적으로 의존해야 할 분은 하나님이지, 나의 얕은 지식과 경험이 아니다.

하나님은 유치한 내 계산으로는 흉내 낼 수 없고 이해도 되지 않는 최고의 수를 두시는 분이다. 우리는 그저 그분의 훈수에 순종하면 된다. 하나님이 여기다가 '감사'를 두라고 하시면 감사하면 되고, '인내'를 두라고 하시면 인내하면 된다. 자세히 알지 못하더라도 하나님의 말씀에 순종하면 결국 "아…" 하며 깨닫게 되고, 하나님이 행하시는 역사의 주인공이 된다.

하나님은 언제나 옳으시므로 하나님을 전적으로 신뢰하는 것이 승리의 비결이다. 내 인생에서 하나님을 하나님 되시게 하면 누구도 막을 자가 없다.

내 계획이 무너진 후에 깨달은 하나님의 수

불과 몇 년 전까지만 해도 우리 교회가 있는 곳은 좋은 땅이 아니었다. 2010년에 교회를 이전할 부지를 매입하려고 지금의 교회 터를 처음 찾았을 때는 그 흔한 가로등 하나도 없었다.

매입하기까지도 쉽지 않아서 양산과 서창 등 50군데가 넘도록 땅을 보러 다니는 과정에서 사기꾼을 만나기도 했고, 사려고 생각한 곳이 지하수를 개발할 수 없는 온천 구역이라 수도관을 끌어오는 데 1억 원이 든다고 하여 포기한 적도 있다.

무수한 실패 끝에 간신히 매입한 교회 부지에는 민물 참게가 돌아다니고 구렁이가 계속 들어왔다. 비만 오면 두꺼운 지렁이들이 교회 마당으로 한꺼번에 올라와 피해 다녀야 했고, 당시 두 살이던 막내가 도롱뇽을 집어 입에 넣는 일도 있었다.

그렇게 낙후됐던 땅이 지금은 국회의원도 부러워할 만큼의 상권으로 발전한 것은 참 놀라운 일이고 하나님의 은혜지만, 행복한 삶은 더 좋은 환경과 처지의 개선이 아니라 하나님을 전적으로 신뢰하고 감사함으로 얻어지는 것이다.

하나님은 내 생각과 계획을 전부 박살 내셨다. 영국 유학 도중에 발병하여 중도 귀국해야 했고, 같은 병의 재발로 일본 유학도 수료에서 그치게 되었으며, 죽어도 목사는 되지 않으려 했던 내가 그 과정을 통해 결국 목회의 길을 걷게 되었다.

더욱이 감리교 목사의 아들인 내가 순복음교회 목사가 될 줄도 몰랐고, 경상도로 내려와서 살게 되리라는 것은 꿈에도 생각하지 못했다. 내 계획은 하나도 이루어지지 않았다. 그런데 지나고 보니, 이 모든 것이 하나님께서 주신 축복이고 나를 위한 '최고의 한 수'였다.

그러므로 슬픔과 아픔의 터널 속에서도 우리는 높으신 하나님의 생각을 믿고 전적으로 신뢰하며 잠잠히 기다려야 한다. 상황이 절망적으로 보이고 실패인 것 같아도 하나님께서 이미 멋진 결말을 내다보시고, 한 수 한 수 두며 내 길을 인도하고 계심을 믿어야 한다.

그러면 염려와 걱정, 우울과 절망 대신 기도와 간구, 감사함으로 하나님께 나아갈 수 있게 되고, 그럴 때 그분의 평강이 우리 생각과 마음을 장악하고 지켜주셔서 세상이 줄 수 없는 진정한 평강과 행복이 찾아오는 것이다.

내 생각대로 되지 않을 때, 무능한 내 모습이 비참하고 무기력하게 느껴질 때도 주님께 감사하고 그분을 찬양하라. 하나님은 찬양받기에 합당하신 분이다.

할렐루야 내 영혼아 여호와를 찬양하라 나의 생전에 여호와를 찬양하며 나의 평생에 내 하나님을 찬송하리로다 시 146:1,2

하나님의 훈수에 순종하라

우리는 다 양 같아서 그릇 행하여 각기 제 길로 갔거늘 여호와께서는 우리 모두의 죄악을 그에게 담당시키셨도다 사 53:6

양은 방향 감각도 없고 귀소 본능도 없어서 스스로 살아갈 수 없는 존재다. 양들을 풀어놓으면 각기 제 갈 길로 가는데, 꼭 가지 말아야 할 곳으로 간다. 우리도 양 같아서 가지 말아야 하는 곳만 간다. 그러나 하나님은 그런 우리를 버리지 않으시고 예수 그리스도께 인류의 죄악을 담당시키셨다.

"나를 믿고 따라와라. 나를 의지하여라."

하나님께서 말씀하실 때 순종하며 따라가는 자가 되어야 한다. 내 생각과 판단을 의지하면 무조건 실패한다. 불안한 상황과 열악한 형편, 비참한 현실에서도 하나님을 믿고 따라가야 한다. 하나님은 우리의 목자가 되시기 때문이다.

하나님은 형들의 배신을 사용하여 요셉을 구덩이에 넣으셨고, 누명을 쓴 채 감옥에 갇히게 하셨다. 그러나 그 과정을 통하여 하나님이 원하시는 차원 높은 길로 훈수를 두셨다.

요셉의 이야기는 또한 하나님께서 당신에게 주시는 훈수다. 이제는 당신이 계산한 그 수를 쓰지 말고, 하나님의 훈수에 순종하라. 고난 중에 반드시 피할 길을 내시고, 당신을 건져낼 '신의 한 수'를 준비하신 하나님을 믿으라.

믿음이 없이는 하나님을 기쁘시게 할 수 없다는 것은 그분을 기쁘시게 할 수 있는 길이 '믿음'밖에 없다는 뜻이다. 천하 만물의 주인이신 그분께 돈이며 재능 따위가 무슨 소용이겠는가. 단 한 가지, '믿음'으로만 그분을 만족시킬 수 있다.

먼저 믿어야 할 것은 '하나님이 계신다'라는 사실이다. 그러므로 예배를 소홀히 해서는 안 된다. 살아계신 하나님께서 그 예배 자리에 함께하시기 때문이다. 또 한 가지는 '하나님을 찾는 이에게 반드시 상을 주신다'라는 사실을 믿어야 한다.

하나님은 고난만 주시는 분이 아니다. 피할 길도 함께 주시는 분이다. 그러나 그분의 생각은 우리의 생각보다 더 높기에 이해되지 않을 때가 많다. 그럴 때도 그분을 전적으로 믿어야 한다. 염려하지 말고 기도와 감사함으로 살아가야 한다.

하나님을 기쁘시게 하는 믿음으로, 하나님이 계신 것과 그분을 찾는 자에게 상 주실 것을 반드시 믿어야 한다. 전적인 신뢰와 감사야말로 하나님께서 복을 주시는 가장 넓은 통로다.

하나님의 역사에는 우연과 실패가 없다

6·25 전쟁 당시, 공산군에 밀려 낙동강 이남만 겨우 남은 긴박한 상황에서 극적으로 이루어진 UN군의 참전은 전세를 바꾸어 놓았다. 이러한 역사적 사건의 이면에는 하나님의 놀라운 한 수가 준비되어 있었다.

UN군이 참전하려면 참전에 관한 안건이 안전보장이사회(안보리)에서 가결돼야 한다. 안보리에는 미국과 소련(러시아), 영국과 프랑스, 중국의 다섯 상임이사국이 존재하는데, 그중 한 나라라도 거부하면 참전은 부결된다.

중국은 당시 참전 해당국이었기 때문에 의결권이 없었으나 소련은 직접적인 해당국도 아니고 암묵적으로 전쟁을 돕고 있었으므로 거부권을 행사할 가능성이 컸다. 그런데 놀랍게도 거부권이 한 표도 나오지 않았다.

소련의 지각으로 거부권을 행사하지 못한 상태로 안건이 상정되어 극적으로 UN군이 참전하게 된 것이다. 알고 보니, 소련 관계자가 타고 있던 자동차가 갑자기 멈춰 움직일 수 없었다고 한다. 이것은 절대로 우연이 아니다. 하나님의 역사다.

더욱 극적인 반전이 있다. 1997년에 UN 안보리의 투표함이 낡아서 바꾸게 되었는데, 그 안쪽에 웬 종이가 하나 붙어 있는 것을 발견했다. 투표함을 처음 만든 사람이 이런 내용의 기도문을 붙여 놓은 것이다.

"안전보장이사회에서 이루어지는 모든 결정이 하나님의 뜻에 합당하게 결정되어, 인류 역사에 하나님의 올바른 뜻이 이루어지길 기도합니다."

하나님의 역사에는 우연과 실패가 없다. 그리고 하나님은 감사하는 자들과 동행하신다. 감사란, 아픔 중에서도 역사하실 것을 기대하며 하나님께 보내는 초대장이다.

우리는 단기적 관점으로 현상을 바라보고 절망하는데, 사실 이것이 바로 불신앙의 가장 큰 증거다. 삶에 이해되지 않는 아픔과 실패와 상실이 있다면 맥추절의 정신을 되새기고 입술에 찬양을 올려보라. 그것이 진짜 감사이기 때문이다.

오늘 하루, 하나님께 제대로 감사하지 못했는가? 지금이라도 하라. 아직 확실하지 않을 때 감사하라. 완전하지 않을 때 감사하라. 알지 못할 때도 감사하라. 내게 있는 것으로 족할 때 감사하고 불편할 때도 감사하라. 무너졌을 때 감사하고 실패했을 때 감사하라. 높으신 하나님이 어떻게 역사하시는지 체험하게 될 것이다.

chapter

3

느림은 귀하게 만드시는
하나님의 손길

… 엘리야가 갈멜산 꼭대기로 올라가서 땅에 꿇어 엎드려
그의 얼굴을 무릎 사이에 넣고 그의 사환에게 이르되 올라가
바다쪽을 바라보라 그가 올라가 바라보고 말하되 아무것도
없나이다 이르되 일곱 번까지 다시 가라

왕상 18:42,43

이 시대는 스피드의 시대라고 해도 과언이 아닐 만큼 빠르게 돌아간다. 1800년대 후반부터 2000년까지 약 200년간 엄청난 변화가 있었는데, 2000년부터 2020년까지 20년의 변화는 그것을 능가한다. 예전의 몇십 년과 오늘의 하루가 맞먹을 정도로 이 시대는 급변하고 있다.

약 20년 전쯤에 이런 신문 기사를 본 기억이 있다. '인터넷 사이트를 열 때 시간이 지연될 경우, 사람들은 얼마나 기다리는가?'라는 주제로 실험한 내용인데, 놀랍게도 대부분이 15초를 기다리지 못하고 사이트를 닫거나 다시 클릭한다는 결과가 나왔다고 한다. 이러한 결과를 두고 신문에서는 15초의 느림을 참아내지 못하는 시대를 탄식하며 논평했다.

만약 똑같은 실험을 오늘 다시 해본다면 사람들은 몇 초나 기다릴 수 있을까? 이 시대 사람들이 기다리는 시간은 그때보다 훨씬 줄어있을 것이 분명하다.

요즘의 속도는 소리만큼이나 빠르다. 전투기가 음속보다 빠르게 비행하는 마하의 시대에 돌입한 지도 오래되었다. 이 시대는 초음속도 아니고 극초음속 시대다. 이런 시대적 풍경을 설명하는 단어로 '광스피드', '초스피드'라는 신조어가 생길 정도다.

그러다 보니 이 사회에서 '느림'은 답답함을 넘어서 무능하고 불성실한 것으로 여겨진다. '빠름'에 익숙해지지 못하면 경쟁력이 떨어지는 부류로 인식되어 사회에서 도태된다. 이렇듯 '느림'이란 범죄와 죽음처럼 느껴질 정도로 이 시대와 맞지 않는 단어가 되었다.

그러나 느림은 실패가 아니다. 느린 것도 얼마든지 가치 있고 신앙 안에서 아름다울 수 있다. 이 장에서는 느리게 응답하시는 하나님의 섭리와 느림이 아름다운 이유에 관하여 나누려고 한다. 이 장을 통해 당신도 그것을 깨닫고 누릴 수 있기를 바란다. 특히, 답답할 정도로 기도 응답이 이루어지지 않거나, 이루려는 삶의 모습이 성취되지 않고 영적 성장이 더뎌서 낙심하고 있는 독자라면 가장 큰 수혜자가 될 것이다.

하나님이 느리게 반응하신 이유

갈멜산에서 바알과 아세라 선지자 850명과 대결한 선지자 엘리야는 능력의 종이었다. 장작은 습기만 남아 있어도 불붙이기 어려운데, 그는 도랑이 철철 넘칠 정도로 장작에 물을 흠뻑 끼얹어 적신 후에 불을 내려달라고 하나님께 기도했다.

그 기도대로 하늘에서 불이 내리자, 지금까지 우물쭈물하던 백성들이 엘리야의 명령대로 바알과 아세라 선지자들을 붙잡아 죽이는 일에 함께했다. 그런 후 그는 아합 왕에게 가서 "올라가서 먹고 마시소서 큰비의 소리가 있나이다"(왕상 18:41)라고 말했다.

이 비는 평범한 비가 아니다. 3년 6개월 동안이나 비가 내리지 않아서 극심한 가뭄으로 고통당하던 때에 왕에게 곧 비가 올 거라고 말한 것이다. 그는 자신 있었을 것이다. 하나님께서 비를 내리겠다고 말씀하셨고, 자기 기도대로 하늘에서 불이 내리는 놀라운 기적을 통해 하나님이 나와 함께하심을 목도하며 큰 승리를 거두었기 때문이다.

그는 무릎 사이에 머리를 넣을 정도로 간절하게 기도한 후 사환에게 바다를 살펴보라고 말했다. 예상대로라면 사환이 "과연 먹구름이 몰려옵니다!"라고 대답해야 할 텐데 아무 일도 일어나지 않았다. 이에 다시 하나님께 기도했는데 두 번, 세 번, 네 번 기도할 동안에도 전혀 응답이 없었다.

그때 엘리야가 얼마나 당황하고 실망했겠는가. 당당하게 말씀을 선포했는데 아무런 응답이 보이지 않는 더딤 속에서 얼마나 애간장이 타고 두려웠겠는가. 그래도 포기하지 않고 일곱 번째로 간절히 기도했을 때 작은 구름이 올라오는 것이 보였다.

이왕 비를 내려주실 거면 곧장 내리게 하셨으면 얼마나 좋았겠는가. 하나님은 결국 내릴 비를 왜 이렇게 더디게 허락하셔서 엘리야의 애간장을 녹이고, 읽는 우리까지 불안하게 만드셨을까? 출애굽 때는 홍해를 단번에 가르는 역사를 보여주셨는데 이때는 왜 느리게 반응하셨을까?

비 소식을 기다리며 일곱 번이나 간절히 기도하던 엘리야의 상황을 살펴보자. 그 장면에 앞서서 그는 '남몰래'도 아니고 모든 백성이 바라보는 앞에서 850 대 1로 엄청난 영적 승리를 거두었다. 하늘에서 큰불이 내렸으니 시각적으로도 얼마나 강렬했겠는가! 이보다 완벽한 승리의 광경은 없을 것이다.

이럴 때 더욱 주의해야 한다. 승리의 쾌감에 빠져 자신감에 도취되면 인간은 악한 본성으로 인하여 교만해지기 쉽다. 뭐든지 할 수 있을 것 같고 내가 하는 모든 일과 계획이 이루어질 것만 같다. 어느새 하나님의 능력과 영광은 뒤로 감춰지고, 나도 모르게 내 자랑이 비집고 나와서 모든 공을 내게로 돌리게 된다. 이것이 어쩔 수 없는 인간의 모습이고 본질이다.

느림은 높아진 마음을 만지시는 방식

만일 그 승리의 현장에서 쾌감과 자신감으로 충만한 엘리야에게 기도마저 한 번에 응답되었다면 어땠을까? 당장은 그것이 축복처럼 느껴졌을지 모른다. 하지만 장기적으로 보면, 자기도 모르게 '내가 기도하면 다 돼!'라고 생각하며 하나님의 영광과 능력을 잊었을 것이다. 이는 무척 위험한 일이다.

이때 하나님이 엘리야를 만지신 방식이 바로 '느림'이다. 한 번, 두 번, 거듭되는 기도에도 비의 응답을 곧바로 주지 않으심으로써 하나님은 엘리야의 흥분한 마음을 만지고 다듬으셨다.

기도를 거듭하는 기다림 속에서 엘리야는 '내가 한 것이 아니구나! 하나님의 역사구나!'라고 절실히 깨달았을 것이다. 교만해질 수도 있었던 그는 하나님의 거룩한 간섭 덕분에 겸손히 엎드리는 사역자의 모습으로 돌아갈 수 있었다.

삶 가운데 얻은 승리로 교만해진 사람은 쾌락을 누리느라 정신을 차리지 못한다. 하나님이 허락하신 물질과 권세로 무엇을 하는지를 보면 그가 어떤 인물인지 선명하게 알 수 있다.

자신의 즐거움과 유익을 따르며 뭐든지 스스로 할 수 있다고 생각할 때 하나님은 느림으로 답하신다. 사람은 답답해 죽을 것 같아도 실상은 유익이다. 자기가 하는 것이 아니라 하나님이 역사하실 때 가장 아름답다는 사실을 배우기 때문이다.

내 계획이 틀어지고 응답이 느려서 답답하다면 나를 가치 있게 빚으시는 하나님의 귀한 손길인 줄 깨달으라. 그 느림의 시간이 내게 절대적으로 필요함을 신뢰해야 한다.

가뭄 끝에 내리는 비는 참으로 달콤하다. 즉시 이루어지는 기도의 응답도 복이지만, 느림 속에서 간절히 기도하여 마침내 하나님의 완벽한 역사를 경험하는 것이 최고의 단비다.

그러한 단비가 내릴 때는 응답받았다는 사실에 감사할 뿐만 아니라, 그 어려움 가운데 역사하시고 계획을 이루시는 하나님의 위대하심과 살아계심을 경험하고 배워야 한다.

사실 그것이 더욱 큰 축복이다. 자기 인생에서 하나님의 살아계심을 느끼고 그분의 역사하심을 경험하는 것이 건강과 물질을 되찾는 것보다 훨씬 더 중요하고 귀하다. 하나님의 역사를 경험한 사람은 이후로 그분께만 기대어 승승장구한 인생을 살 것이기 때문이다.

혹시 당신에게도 하나님은 '느려도 너무 느린 분'은 아니신가? 내 마음은 조급한데 그분의 역사는 너무나도 느리고 더뎌서 때로는 시험에 들고 실족하지는 않았는가?

하나님은 그 느림까지 사용하셔서 당신의 인생과 사업, 가정과 자녀, 진로와 교회에 아름답고 놀랍게 역사하신다. 기다리는 응답이 느리고 더뎌서 답답하고, 계획과 소망이 오랜 기다림 중에 묘연해졌다면, 당신의 삶을 더욱 가치 있게 하시려는 하나님의 손길인 것을 꼭 기억하라.

느림은 나를 빚으시는 하나님의 손길

코냑(Cognac)은 술의 종류가 아니라 프랑스 코냑 지방에서 생산된 브랜디(brandy, 포도주를 베이스로 한 증류주)인데, 이 지방의 브랜디가 유명해지면서 프랑스 브랜디의 대명사가 되었다.

사실 코냑 지방은 평균 기온이 높고 건조한 환경 때문에 포도의 질이 좋지 않다. 포도알이 작은 데다 맛도 시고 떫어서 먹을 만하지도 않고, 와인으로 빚어도 상품성이 없다.

그런데 이 떫고 맛없는 코냑 지방의 와인을 증류하고 오크통(유럽참나무로 만든 통)에서 숙성시켜 만든 브랜디가 놀라운 풍미로 유명해졌다.

포도를 와인으로 담그는 일도 느리고 답답하지만, 코냑으로 만드는 과정은 비교할 수도 없을 만큼 '인내'의 시간이다. 포도주를 끓이고 식혀서 생긴 이슬을 모으는 증류 과정을 반복하며 떫은 맛을 제거하고, 이렇게 증류한 술을 통에 담고 완전히 밀봉해 참나무의 향을 입히며 계속 숙성시켜야 한다.

코냑 한 병이 만들어지기까지 최소한 3년 이상 걸리고, 숙성 기간에 따라 매겨지는 등급은 오래 걸릴수록 올라간다. 뇌물로 쓰일 만큼 값비싼 코냑의 대표 명주 '루이 13세'는 100년 이상 숙성시킨다. 최소 3대에 걸쳐 만들어지기 때문에 이 술을 처음 오크통에 넣은 제조 장인은 생전에 그 완제품을 보지 못한다.

코냑의 제조 과정은 우리 인생과 많이 닮았다. 시고 떫은 포도 같은 우리를 포기하지 않으신 하나님은 우리의 자아를 짓이겨 고집스러운 형태를 없애고, 끓어내듯 연단을 통해 추악한 쓴뿌리와 더러움을 제거하시며, 은혜의 통에 담아 깊이 숙성함으로써 값지고 가치 있는 인생으로 빚어내신다.

가치 없고 형편없는 우리 인생을 가치 있는 그릇으로 만들기 위한 하나님의 선택이 바로 '느림'이다. '느림'은 쓴뿌리를 제거하고 성숙시켜 더욱 귀한 인생으로 빚어내시는 사랑의 작업이다.

못된 죄의 습성과 악한 본성의 쓴뿌리를 제거하지 못하면 가치 있는 열매를 맺을 수 없다. 자아와 신념으로 오염된 삶은 하나님의 계획과 축복의 청사진을 그리기 어려우므로 내 삶의 얼룩을 깨끗하게 지우고 정리하는 과정이 필요하다.

하나님이 우리의 부족한 부분을 고쳐서 악한 본성을 끊으시고, 점점 가치 있는 삶으로 옮기실 때, 그 귀한 시간을 '느림'으로 치부하여 하나님을 원망하지 않기를 당부한다.

'강릉' 하면 떠오르는 유명한 음식이 초당 순두부인데 그 지역에는 "두부는 게으른 며느리에게 맡겨라"라는 재미있는 속담이 있다고 한다.

콩물을 가마솥에 끓일 때 눌어붙지 않도록 저어야 하는데, 성급하게 저으면 두부가 제대로 만들어지지 않으니 인내심을 가지고 아주 느리게 저어야 한다고 해서 생긴 말이라고 한다.

느린 반응이 명품 두부와 명품 술을 만들어내듯, 느림을 통해 이루어지는 하나님의 계획과 축복이 있다. 당신의 인생 또한 느림과 기다림을 통해서 역사하시고 더욱 존귀하고 가치 있게 만드실 하나님을 신뢰함으로 기다려보라. 느릴지라도 그분께서 당신의 삶을 제대로 빚으실 것이다.

느림은 영적 준비의 기회

한 농부가 자신의 밭에 대나무를 심고 기다렸다. 그런데 대나무가 울창하게 자라기는커녕 한 해, 두 해가 지나고 4년이 되도록 싹조차 나지 않았다. 사람들은 그런 농부를 비웃었다.

농부는 몇 번이고 땅을 파헤치고 싶고, 이제라도 갈아엎고 다른 것을 심을까 갈등했지만 1년만 더 기다려보기로 했다. 그런데 5년째가 되자 대나무 싹이 조금씩 나오기 시작하더니 단 6주 만에 15미터가 넘는 울창한 대나무 숲을 이루었다.

농부가 심은 이 대나무는 중국 동부에서 자라는 '모소'라는 품종이다. 모소 대나무는 싹을 내기 전에 사방 수십 미터까지 뿌리를 내리는 습성이 있다. 그래서 싹을 틔우기까지는 시간이 오래 걸리지만, 일단 싹을 틔우면 뿌리에서 보내주는 충분한 자양분 덕분에 순식간에 키가 자란다.

하나님은 우리 인생과 신앙이 위로 보기 좋게 성장하기 전에 모소 대나무처럼 아래로 굳건히 뿌리를 내리고 충실하게 준비되길 원하신다.

혹시 당신의 인생도 뿌리를 내리는 시간 속에 있는가? 하나님이 주신 비전과 사명에 순종하여 나무를 심었는데, 울창한 숲을 이루기는커녕 싹조차 나지 않아 포기한 모습으로 시간만 흘러가고 있는가? 남들이 손가락질하며 당신의 믿음을 비웃고 하나님마저 비방하고 있는가?

당신이 모소 대나무처럼 하나님의 놀라운 때를 기대한다면, 성실히 뿌리내리며 기다려야 한다. 하나님은 우리 인생을 모소 대나무처럼 멋지고 존귀하게 높이길 원하시지만, 그 이면에 영적 수준도 굳건히 자리 잡고 잘 준비되길 원하신다.

그렇다면 반드시 기억하라. 하나님께서 응답하지 않으실 때, 어떠한 변화도 없고 내 기대에 미치지 못하는 느림의 시기는 영적 준비의 기회이자 기도할 때다.

그런데 의미 없이 기다리는 게 아니다. 느린 것 자체가 하나님의 소망이 아니며, 기다린다고 해서 무조건 다 성취되는 것도 아니다. 가만히 있으면 울창한 숲을 이룰 수 없다.

모소 대나무는 5년 동안 땅속에서 가만히 버티고만 있지 않고 수십 미터 아래로 깊이 뿌리를 내렸기 때문에 늦었어도 놀라운 성장을 할 수 있었던 것이다.

맥스 루케이도는 《곤고한 날의 은혜》(Grace for the moment)라는 그의 책에서 "평생 이런 모습으로 살고 싶습니다. … 오랜 기다림을 불평하기보다는 기도할 수 있는 시간을 주신 하나님께 감사할 것입니다"라고 말했다. 오랜 기다림 속에서 답답해하고 불평하기보다 간절히 기도할 수 있는 시간을 주신 하나님께 감사하며, 그 시간을 기도로 채우겠다는 것이다.

영적 뿌리를 튼튼하게 내렸다면 느림을 두려워할 필요가 없다. 지금 성장하지 않는 것처럼 보이고 외적인 풍요가 없더라도 때가 되면 울창한 산림을 이룰 것이다.

뿌리내리는 데에 집중하라

당신은 뿌리를 내리고 있는가, 죽어가고 있는가? 울창한 숲을 꿈꾸며 뿌리내리는 중인가, 말라 죽어가는 중인가? 인생에서 가장 두려운 것은 사업의 실패와 재정의 어려움이 아니다. 입시와 취직에 실패하는 것도 아니다. 느림의 시간에 뿌리내리지 못하는 것이다.

느림 자체는 두려운 것이 아니지만, 그 느림의 시간 가운데 영적인 뿌리가 뻗어나가지 못하는 것은 무척 두려운 일이다. 아무런 준비와 계획 없이 영적으로 대비하지 못하고 미래를 맞이하는 안일한 느림은 정말로 두려운 것이다.

뿌리내리지 못하는 느림은 슬프고 비통하다. 뿌리내리는 인내와 노력 없이 무작정 소망이 있다고 착각하며 "조금 있으면 대박이 난다"라고 말하지 말라.

깊이 뿌리내리려면 다른 것을 포기해야만 한다. 뿌리내릴 시간에는 다른 것을 하지 말고 뿌리를 내리는 데에만 집중해야 한다. 그렇지 않으면 살아남을 수 없다. 즐길 것을 다 즐기면서 뿌리를 내릴 수는 없다.

뿌리 끝이 얼마나 연약한가. 삽으로 파기도 어려운 단단한 땅을 연약한 뿌리로 뚫으려면 얼마나 힘들겠는가. 에너지를 거기에 전부 쏟아야 하기에 나무가 자라지 못한다.

사람들은 높이 솟아오르는 것을 기뻐한다. 그러나 깊은 내면의 가치를 알아야 한다. 높이 솟아오르고 인정받는 것을 포기하고 뿌리내리는 데 집중할 수 있어야 한다.

뿌리내리지 않은 채로 그저 가만히 기다리기만 하면 울창한 숲을 이룰 수 없다. 그 시간에 뿌리내리지 않는다면 오늘의 느림이 당신의 여전한 내일일 수도 있다. 그러니 똑같이 반복되는 실패의 연속이 되지 않도록 뿌리내리는 데에 힘써라.

당신은 지금 뿌리내리고 있는가? 비록 눈에 보이는 화려함이 없고 연약한 뿌리로 바위를 뚫어내듯 고통스러울지라도 말씀에 순종하며 기도하고, 겸손하게 밑으로 파고들어야 한다.

계속 뿌리내려가다 보면 어느 순간 높이 성장하게 되는 생장점을 만나게 된다. 생장점, 즉 하나님의 때를 만날 때까지 성실하게 뿌리내린다면 당신은 틀림없이 울창한 숲을 이루게 될 것이다.

말라서 비틀어진 강퍅한 마음밭이 아니라 하나님의 때가 이르면 순식간에 뻗어올라 어떤 나무도 범접할 수 없는 신앙의 대나무밭이 되기를 진심으로 응원한다.

느림은 가치 있게 변화되는 시간

느림이 아름다운 이유는 가치 있게 변화되는 시간이기 때문이다. 생명이 태어나고 더욱 가치 있게 되기까지는 항상 기다림의 시간과 느림의 공간이 필요하다.

생명을 출산할 때 하나님은 빠르게 작용하시지 않는다. "주여, 태의 문을 열어주소서! 임신하게 해주소서!"라고 기도했을 때 그다음 날 아기를 낳을 수 있다면 얼마나 편하고 좋겠는가? 하지만 우리는 임신한 것도 5주가 지나서야 알게 된다. 심지어 그때까지도 배가 나오지 않는다.

하나님의 능력이면 임신과 출산을 단박에 이루실 수 있을 텐데 꼬박 열 달을 기다리게 하신다. 하나님은 소중한 것일수록 창조의 과정을 느리고 더디게 설정하셨다. 가치 있는 것은 변화의 과정 가운데 반드시 '느림'을 경험하게 하셨다.

나에게도 길고 긴 기다림의 시간이 있었다. 하나님이 내게 하신 말씀에 순종하여 울산에서 교회를 개척했는데, 모소 대나무처럼 3년, 5년, 7년이 흘러도 아무런 결과가 나타나지 않으니 나를 비방하는 사람들도 있었다.

하지만 그 시간에 나는 "하나님이 거짓말하셨네" 하고 불평하거나 방구석에 누워 '언젠가는 부흥하겠지'라며 가만히 넋 놓고 있지 않았다.

무릎 연골이 닳도록 기도하고, 말씀을 묵상하고 성경을 연구했다. 몸이 닳도록 금식하며 기도하고, 한 영혼을 품고 열렬히 사랑했다. 굶는 순간에도 선교를 멈추지 않았다.

힘들고 억울한 시간, 답답한 시간에도 최선을 다해 하나님께 감사했으며, 유혹과 갈등으로 마음이 흔들릴 때면 더욱더 넘치도록 감사하고 순종했다.

나는 여전히 가진 것이 없는 사람이다. 대단한 학위는 없지만 자신 있는 게 딱 하나 있다. 하나님께서 나를 어떻게 사용하시든지 나는 그분께 최선을 다할 준비가 되어있다.

내 삶에 어려움과 갈등이 있을 때마다 묵묵히 인내하고 기도하며 하나님의 때를 기다렸더니, 하나님의 위대한 역사를 목도하는 축복을 누리게 되었다.

하나님은 느림을 통해 우리를 단련하고 준비시키신다. 느림을 잘 견뎌낸 자와 기다림을 통과하여 인내를 배운 자를 들어 쓰시고, 그 인생에 복을 주시며 제단을 부흥시키신다.

느림은 기다림을 요구하고 기다림은 기도를 동반해야 한다. 기도를 통해 하나님과 거룩하게 동행하면 '인내'라는 귀한 선물이 내 것이 된다. 느림을 원망하고 실족하여 포기하는 대신 더 큰 축복과 미래를 위해 준비할 때, 그 느림은 당신에게 가장 아름다운 시간으로 작용할 것이다.

그러니 느림이 주는 가치를 발견하고 아는 데에서 끝나지 말고, 느림의 아름다움을 누리는 수혜자가 되기를 바란다.

느림은 극적인 역전의 시간

느림이 아름다운 또다른 두 번째 이유는 느림이 극적인 역전, 즉 하이라이트를 위한 잠깐의 암전(暗轉)과도 같기 때문이다.

멋진 쇼를 시작하기 전, 준비 과정은 관객에게 공개하지 않고 불을 전부 끈다. 그때의 암전은 느리고 어둡다. 그러다 어느 순간 깜깜하고 답답하던 무대 위로 스포트라이트가 비치면서 주인공이 부각되고 최고의 장면으로 빛난다. 극적인 장면의 연출을 위해 잠시 암전된 시간을 우리는 '느림'이라고 느낀다.

당신의 인생에서 하이라이트는 언제였는가? 그 당시에는 하이라이트처럼 보였지만, 지나고 보니 하이라이트가 아니었던 적은 없는가? 인생의 진짜 하이라이트는 하나님의 능력이 개입할 때이며, 내가 아니라 하나님이 주인공이실 때다.

하나님은 개입하시기에 앞서 극적인 대비를 위해 인생을 잠시 어둡게 만드신다. 느리고 답답할 정도로 어둡게 만드신 후에 그분의 역사가 개입하면, 그때는 설명하지 않아도 하나님의 살아 계심을 모두가 알 정도로 멋진 인생이 펼쳐진다. 그것을 위해서 필요한 잠시의 암전, 그 기다림의 공간이 '느림'이다.

엘리야에게 암전 뒤의 하이라이트는 언제였을까? 분명히 하나님께서 비를 주겠다고 하셔서 선포했는데, 하늘에는 구름 한 점도 없었다. 일곱 번의 간절한 기도와 기다림 끝에 비가 내리기 시작했고, 하나님은 그에게 능력을 주어 사용하셨다.

여호와의 능력이 엘리야에게 임하매 그가 허리를 동이고 이스르엘로 들어가는 곳까지 아합 앞에서 달려갔더라 **왕상 18:46**

아합 왕은 마차를 타고 가고 있었다. 왕의 마차이니 앞에서 끄는 말이 한두 마리가 아닐 테고 성능이 좋을 것도 두말할 나위가 없다. 하나님의 시간이 되어 여호와의 능력이 엘리야에게 임하자, 그때까지 비루하고 초라해 보이던 엘리야가 갑자기 스포트라이트를 받은 듯 달리기 시작하더니 갈멜산에서 이스르엘까지 약 20-26킬로미터에 이르는 거리를 질주하는 왕의 마차보다 내내 앞서서 달려갔다.

엘리야가 잘난 것이 아니다. 그의 힘과 능력으로 한 게 아니다. 그는 하나님 앞에 엎드려 일곱 번이라는 완전한 간절함으로 매달렸다. 그런 그를 하나님께서 쓰시니, 왕의 마차도 쫓아올 수 없고 시대가 감당할 수 없는 사람이 되었다.

그 멋진 질주, 인생의 하이라이트 같은 시간을 조명하기에 앞서 하나님께서 느리게 반응하여 구분하셨음을 기억하라. 이것이 바로 신앙의 공식이자 하나님께서 일하시는 방식이다.

당신의 심령을 낮추고 답답하게 하신 것은 하나님께서 그분의 역사를 잘 펼쳐 보이려고 준비하신 암전일 수 있다. 느림을 잘 견뎌낸 자와 기다림을 통과하여 인내를 배운 자를 들어 쓰시고, 그 인생에 복을 주시며 제단을 부흥시키신다.

당신의 기다림이 극적인 반전을 위한 잠깐의 암전이라면 그 시간에 절망해서야 되겠는가? 오히려 설레고 가슴이 뛰어야 한다. 당신의 삶에 스포트라이트를 비추실 하나님을 기대하라.

느림은 본질에 집중하는 시간

느림이 아름다운 세 번째 이유는, 빨리 가면 못 보고 지나칠 것을 볼 수 있기 때문이다.

KTX를 타고 스쳐 지나간 것만으로 내가 천안을 봤다, 내가 대구를 안다고 말할 수 있는가? 기차를 타고 순식간에 지나쳤다면 그 지역을 봤다고 말할 수 없다. 반면, 느리더라도 걸어서 다닌다면 그 지역을 볼 수 있고 알게 된다.

걸어 다녀야만 알 수 있고 천천히 가야만 보이는 것이 있다. 빨리 가려고만 하면 주변을 돌아보지 않고 앞만 보고 달리게 된다. 너무 빠르면 중요한 것을 놓치거나 지나치기 쉽다. 그러다 보면 가족의 소중함과 건강, 영적 축복과 은혜를 잃기 쉽다.

빠른 성장을 위한 효율과 합리성이 교회 안에도 침투하여 복음의 본질과 원색적인 능력을 잃게 했다. 예를 들어, 전도란 무엇인가? 누군가를 교회에 데리고 와서 자리에 앉히고 내가 데려왔다고 말하는 것인가, 아니면 예수 그리스도만이 유일한 구원의 길이요 생명이라는 진리를 전하는 것인가?

전도의 본질은 복음의 길을 제시하고, 예수님의 제자로 만드는 것이다. 이 본질을 잃어버린 채 빠르게 가려고만 하니까, 그저 비신자를 데려오는 행위를 전도로 여긴다.

이제라도 본질을 붙잡아야 한다. 하나님은 느림을 통해 우리의 신앙을 점검하시며 잃었던 본질을 붙잡게 하신다. 우리 각 사람뿐 아니라 특히 한국 교회도 빠름 속에 놓칠 수 있었던 본질을 다시금 붙잡고 회복하기를 간절히 바란다.

느리면 핵심과 본질에 집중하게 되는 장점이 있다. 지난 3년여의 코로나19 시기는 폭주 기관차처럼 내달리던 우리에게 하나님께서 느림을 강제로 허락하신 시간이라고 생각한다.

코로나 시기는 끝났지만, 우리는 삶에서 여전히 느림과 기다림의 시간을 만난다. 분주하고 빨랐던 것들이 마치 멈춘 듯이 느리게 돌아갈 때는, 천천히 가야만 보이는 것과 이미 놓치고 있었던 본질을 찾고 누리는 시간으로 활용해야 할 것이다.

초스피드의 시대의 빠름이 잘못됐다는 것을 인지한 사람들은 오히려 '느림'의 미학을 추구하기 시작했다. 여러 도시에서 '슬로시티'(Slow City)를 표방하여 행사도 열고 느림의 가치를 선호한다. 사람들 안에서도 느리게 걷고 여유롭게 살아가는 삶을 동경하는 모습이 나타난다.

하나님께서 주신 자연의 시간이 있다. 옛날에는 이 섭리의 시간에 따라 기상하고 활동했으나 지금은 자연의 시간을 거슬러 지나치게 빠른 시간으로 살아가고 있다.

자신의 일상과 발걸음이 분주한 세상의 시간에 맞춰져서 지나치게 빨리 움직이고 있음을 깨달았다면, 잠시 멈추어 느림의 지혜를 발견하고 하나님의 뜻을 묻는 아름다운 느림을 체험하라. "조금 느려도 괜찮아. 천천히 가도 돼"라는 그 느림 속에서 다시 하나님의 시간, 자연의 시간, 섭리의 시간에 순응하며 일상을 맞춰가길 소망한다.

나보다 하나님이 더 애태우신다

우리는 하나님이 늦다고 답답해하지만, 실은 하나님이 우리에게 느끼시는 답답함이 더욱 크다. 사랑의 하나님은 자녀인 우리에게 복을 주고 기도에 응답해주고 싶어서 안달하시는 분이다. 하나님의 그런 마음을 물맷돌기독대안학교의 한 학생을 통해서 깊이 깨닫게 되었다.

그 학생은 숙제를 잘 해오지 않았는데, 그를 가만히 지켜보다가 약속의 개념이 없다는 사실을 알게 되었다. 계속해서 약속을 지키지 않는다면 훗날 가장 소중한 사람과 가정을 잃을 수도 있고, 큰 고객과 거래처를 잃을 수도 있다. 그렇기에 이 학생은 신의와 약속의 중요성을 반드시 배워야만 했다.

약속을 지키지 않으면 자기가 가장 소중하게 생각하는 것을 빼앗길 수 있다는 사실을 가르쳐주기 위해 내린 벌이 축구 금지령이었다. 학생뿐만 아니라 학부모인 아버지에게도 함께 내렸다. 그러자 아버지와 아들이 축구하고 싶어 안달이 났다.

그런데 안달이 난 사람은 그 부자뿐만이 아니었다. 실은 나도 그들이 축구를 하게 해주고 싶어서 애가 탔다. 교사들에게 저 학생이 감당할 만큼만 숙제를 조금씩 내주도록 당부하며 다시 축구를 할 기회를 주려고 노력했다.

'숙제를 해 오는지 그래도 안 하는지 어디 한번 보자'라고 벼르는 것이 아니라, 어떻게든 이 학생이 숙제하게끔 해서 좋아하는 축구를 다시 하게 해주려고 내가 더 안달 났다.

그때 문득 깨달았다. '우리 하나님이 이런 마음이시겠구나! 해주고 싶어서 안달 나시는데도 우리를 더욱 멋지게 성장시키시려고 기다리게 하시는 거야…' 하고.

그 학생이 무엇을 잘해서 다시 축구를 하게 된 게 아니라 그에게 축구를 시켜주고 싶어서 오히려 내가 더 안달이었던 것처럼, 기도의 응답 또한 내가 잘나고 대단한 일을 해내서가 아니고 기도에 응답하고 싶으신 하나님의 마음이 더욱 커서 "제발 이것만 해다오"라고 애태우며 기다려주셨기 때문이다.

하나님의 능력이 없어서 내 기도가 응답되지 않는 게 아니다. 하나님의 성품이 느려서 늦게 주시는 것도 아니다. 한 번, 두 번, 여섯 번, 일곱 번을 통해서 주셔야 하는 이유는 기다림과 느림을 통해서 가르칠 부분이 있기 때문이다.

　그러니 이제는 하나님의 뜻을 거역하거나 앞서가지 말고, 느려도 괜찮으니 기도하면서 그분을 따라가자. 주님의 뒤를 따르는 우리의 발걸음은 아무리 느려도 나쁘지 않다. 주님을 앞질러 가지 말자. 기도보다 우리의 발걸음이 앞서지 않게 하자.

chapter

4

고난 사용설명서

의인은 고난이 많으나 여호와께서
그의 모든 고난에서 건지시는도다
시 34:19

성공한 사람은 약점이 없는 사람이 아니라

그것을 극복해낸 사람이다.

약점을 이기고 당당하게 앞으로, ○○○

자꾸만 줄어드는 내 머리숱을 보며 감명 깊게 읽었던 가발 광고의 카피다. 참 맞는 말이다. "성공한 사람은 약점이 없는 사람이 아니라 그것을 극복해낸 사람이다. 그러니 당신도 약점을 이기고 당당하게 앞으로 나아가라"라는 이 비장한 카피는 단순한 상업 광고가 아니라 광고 문구를 통해 우리에게 주시는 하나님의 격려로 들리기도 한다.

이 말씀 또한 그렇다.

의인은 고난이 많으나 여호와께서 그의 모든 고난에서 건지시는도다 시 34:19

의인은 고난이 없는 자가 아니라 그 고난을 이긴 자다. 고난 때문에 패망하지 않고 도리어 고난을 통해 합력하여 선을 이루시는 하나님의 역사와 반전 드라마를 체험하고 그 주인공이 되는 사람이다. 그러므로 기독교 신앙을 단순한 이분법의 시각에서 권선징악이나 인과응보의 구조로만 이해하면 안 된다. 형통과 풍요는 믿음의 건강함 덕분이고, 고난과 실패는 믿음의 연약함 때문이라고 천편일률적으로 해석하면 낭패를 본다.

삶의 고난과 아픔 때문에 하나님의 마음을 오해하지 말자. 그 시간을 절망과 낙심으로 채우는 대신, 하나님께서 이 고난에서 나를 건지실 것을 믿고 어떻게 일하실지를 기대하자.

> 우리가 알거니와 하나님을 사랑하는 자 곧 그의 뜻대로 부르심을 입은 자들에게는 모든 것이 합력하여 선을 이루느니라 **롬 8:28**

하나님을 사랑하는 자, 곧 그의 뜻대로 부르심을 받은 자들에게는 모든 것이 합력하여 선한 결과로 종결된다. 이 "모든 것"에는 나의 기대와 어긋나는 현실, 실패처럼 보이는 실망의 순간까지 전부 포함된다.

당신에게 찾아온 고난은 합력하여 선을 이루고 있는가? 당신은 자신의 단점이나 현재 맞닥뜨린 고난과 역경을 선용하는가? 걸림돌처럼 보이는 모든 것이 결국은 내게 선한 결과로 이어질 줄 믿는가? 그 어려움 속에서도 하나님의 역사를 신뢰하고 있는가, 아니면 주눅 들고 낙심하여 불평하며 자멸해가고 있는가?

고난은 축복과 영광을 위한 밑작업

어떤 분이 내게 "목사님의 자녀들에게도 혹시 부족한 게 있습니까? 자녀에게 선물해주고 싶은 게 있다면 어떤 건가요?"라고 물으셨다. 그래서 "지금 제 아이들에게 부족한 것은 고생이고, 선물하고 싶은 것은 결핍입니다"라고 했더니 의아해하셨다. 사실 이것은 내가 자녀들에게도 동일하게 해주는 말이다.

"내가 너희를 사랑해서 가장 주고 싶은 선물은 결핍이고, 적당한 수준의 부족이며, 적당한 수준의 절망과 좌절이다."

부모의 지원과 공급으로 자녀가 완벽함을 이룰 수 있을 것 같은가? 그것은 허망한 꿈이고 나의 기대일 뿐, 절대로 나는 내 자녀에게 완벽함을 공급해줄 수도 없고, 오히려 그런 노력 자체가 자녀의 인생을 망칠 수도 있다.

샘 해밍턴이라는 호주 출신의 방송인이 있다. 귀여운 두 아들과 〈슈퍼맨이 돌아왔다〉라는 프로그램에 출연할 때 그의 자녀 교육관이 참 바르다는 생각을 종종 했는데, 그가 〈한국인의 밥상머리〉라는 프로그램에서 충격적일 수 있는 말을 했다.

"나는 우리 애들이 '개고생'했으면 좋겠어."

아니, 사랑하는 아들이 엄청 고생했으면 좋겠다니?

그는 부모로서 당연히 자식의 고생을 바라지 않지만, 고생을 해봐야 뭔가를 배울 수 있고 나중에 인생이 편해지는 거라고 말했다. 또한 자식은 부모의 개인 물건이 아니며, 자기 역할은 그들이 훌륭한 어른이 될 수 있도록 도와주는 것이므로 옆에서 독립성을 키워줘야 한다고도 했다.

나는 그의 올바른 자녀 교육관과 철학에 깊이 공감했다. 그의 말처럼 자녀가 고생할 때 스스로 그 문제를 해결할 강인함과 일어날 힘을 얻을 수 있다.

고생 가운데 얻어지는 지혜는 평안한 상태에서는 배울 수 없는 것들이므로, 부모는 마음이 아프더라도 자녀가 고생하면서 스스로 일어나고, 독립하고, 자신의 삶을 개척해나갈 수 있도록 도와주어야 한다.

이 말에 공감해도 삶에서 실천하기는 쉽지 않고, 자식을 사랑한다고 하면서 오히려 자식의 인생을 망치는 부모도 많다. 그렇다 해도 진짜 사랑은 자녀가 원하는 것을 다 해주는 게 아니라 오히려 적당한 수준의 결핍을 제공하는 것이다.

우리를 향한 하나님의 마음도 같다. 하나님은 자녀인 우리를 미워해서가 아니라 너무나 사랑하시기에 고난과 고생을 주시고 그것을 통해 얻을 수 있는 축복과 영광을 준비하셨다. 그러니 그분이 우리에게 주시는 고난과 고생은 축복과 영광을 선물해주시기 위한 밑작업인 것이다.

자녀이면 또한 상속자 곧 하나님의 상속자요 그리스도와 함께한 상속자니 우리가 그와 함께 영광을 받기 위하여 고난도 함께 받아야 할 것이라 생

각하건대 현재의 고난은 장차 우리에게 나타날 영광과 비교할 수 없도다

롬 8:17,18

고난을 선용하고 적극적으로 활용하라

고난을 어떻게 바라보아야 할까? 고난이 하나님의 벌이 아니라 축복과 영광을 위한 밑작업이라면 우리는 고난을 적극적으로 사용해야 한다. 고난과 불리함, 단점을 선용하여 좋은 결과를 이루어낸 사례가 많이 있다.

약점을 강점으로 바꾼 오상욱 선수

펜싱 국가대표이자 2024 파리 올림픽 금메달리스트인 오상욱은 뛰어난 신체 조건(192센티미터의 장신과 긴 다리)과 빠른 스피드를 활용한 공격적인 플레이로 훌륭한 경기력을 선보여 주목을 받았다.

사실 그가 처음 펜싱을 시작할 때는 키가 160센티미터로 작은 편에 속했다. 키가 작은 것은 펜싱 선수로서는 치명적인 약점이므로 그는 이 단점을 보완하기 위해 빨리 치고 빠지는 스피드 훈련에 집중하고 기술적인 요소를 주로 연습했다.

그러던 중에 고등학교 때 키가 훌쩍 크면서, 큰 키와 체격에 빠른 스피드까지 갖추게 되었다. 긴 팔과 다리를 활용하면서도 장

신 선수가 할 수 없는 빠른 스텝으로 움직이니 상대 선수는 공격 타이밍을 잡지 못하고 압도당하곤 했다.

단점을 장점으로 바꾼 김연경 선수

'러시아의 체격, 미국의 힘, 한국의 기술, 브라질의 민첩성을 모두 갖춘 세계 최고'라고 평가받는 한국의 배구 선수 김연경도 그렇다. 그녀는 고1 때까지 키가 작아서 주전이 되지 못하고 수비 위주의 경기 경험을 쌓았다.

그러다 고1 후반부터 갑자기 키가 크기 시작하면서 공격수로 전환했는데 타점 높은 공격을 하면서도 수비까지 잘하는 전천후 선수가 되었다. 처음부터 공격수만 했으면 수비가 약할 수 있는데 수비를 탄탄하게 다져놓고 공격수를 하니 괴물같이 잘하는 선수가 된 것이다.

약점과 단점으로 보이는 단신일 때도 그들은 열등감에 빠져서 불평하거나 포기하지 않았다. 오히려 치열하게 훈련했더니 훗날 그 악조건이 역전의 도약대가 되었다.

낙심, 절망, 원망, 불평은 소망 없는 것이다. 단점과 부족함도 감사하고, 좋은 역전의 기회로 믿고 선용하며 적극적으로 활용하는 사람이 진정으로 소망 있는 자다.

열악한 조건을 도약대로 삼은 교토국제고 야구부

2024년 고시엔 대회에서 재일한국인이 세운 교토국제고가 우승했다. 승리 후 "동해 바다 건너서…"로 시작하는 교가를 불러 일본과 한국에서 화제가 되었다.

'고시엔'(甲子園)은 일본 간사이(関西) 지방에 있는 한신 타이거즈의 홈구장이자 이 구장에서 결승전이 열리는 일본 전국 고교야구 선수권대회를 가리키는 말이다. 고교야구인데도 평일 낮 경기 시청률이 20퍼센트를 넘을 만큼 인기 있는 대회다.

일본 전역에서 총 3,715개 고등학교가 참가하고, 본선에 진출(49개 학교)하는 것만으로도 영광으로 여긴다. 이 구장은 내야가 검은 흙으로만 깔린 것으로 유명한데 결승에 오른 두 학교가 이 흙을 퍼가는 게 전통이다. 현재 메이저리그에서 50홈런·50도루로 살아 있는 전설이 된 오타니 쇼헤이도 고교 재학 시절에 본선 1회전 탈락으로 못 해본 이 일을 교토국제고등학교 야구부가 해낸 것이다.

놀랍게도 이 야구부는 창설한 지 25년밖에 안 되었고(1999년 창설) 학교가 작아 운동장이 외야 마지막 펜스까지 70미터밖에 안 돼서 공식 야구장을 지을 수도 없다. 공을 조금만 높게 치면 주차장으로 넘어가 차를 부수게 되니 타격 훈련 때는 코치가 "멀리 치지 마, 높이 치지 마, 제발 살살 쳐!"라는 말을 반복하며 낮고 빠르게 치는 훈련만 시켰다고 한다.

민족학교의 우승도 처음이지만, 예선부터 본선까지 홈런을 한 개도 못 치고 우승한 것도 이 학교가 처음이라고 한다. 열악한 환경에서 낮고 빠르게 치는 훈련은 약점 같았지만, 그들은 곤란함과 열등감의 이유가 될 수 있었던 훈련을 누구도 따라올 수 없는 강점으로 승화시켰다.

고난은 신앙을 견고하게 만든다

14세기에 창궐한 페스트(흑사병)는 일회성으로 끝난 게 아니라 1700년대까지 100회 이상 발생하며 전 유럽을 휩쓸었다. 영국에서는 페스트를 봄이 오면 찾아오는 전염병으로 인식하여 봄이 되면 극장도 문을 닫고 자가격리의 시간을 가졌다. 그런데 대문호 셰익스피어의 명작 〈로미오와 줄리엣〉이 이 페스트 자가격리 중에 쓰인 것으로 추측된다고 한다.

마지막 부분에서 이 두 연인을 돕기로 한 로렌스 신부는 줄리엣이 약을 먹고 죽은 척하면 가족묘에 묻었다가 로미오가 와서 그녀를 깨워 같이 도망치게 하려는 계획을 세웠다. 하지만 이 사실을 로미오에게 알려야 할 수사가 집 안에 격리되어 전하지 못하는 바람에 두 연인이 죽게 된 것이다.

셰익스피어는 이 비극의 모티브를 당시의 두렵고 답답한 자가격리에서 찾아냈다. 모두에게 똑같이 두렵고 답답한 시간이었지만 그는 거기서 명작의 영감을 얻었다.

우리 각 사람이 하나님과 아름다운 러브스토리를 써 내려갈 시간이 바로 이 고난의 시간이다. 작품과도 같은 내 신앙의 간증을 만들 절호의 기회는 절망과 실패처럼 보이는 그 깜깜한 어둠이다. 그러니 당신의 고난을 하나님과의 러브스토리를 써 내려가는 귀한 시간으로 활용하라.

오늘날 한국 교회도 그렇다. 동성애를 조장하고 역차별적인 '포괄적 차별 금지법'을 제정하려는 움직임과 한국 교회를 조롱하고 불신하는 이 시대를 보면 교회는 약화할 것만 같다. 그러나 이 시간은 교회가 망하는 시간이 아니라 회개의 시간이며 무너지고 변질된 신앙이 본질로 되돌아가고 진정한 부흥이 이루어질 신앙 개혁의 기회다.

세계 기독교 역사에서 교회 부흥의 시대는 핍박과 순교의 시대와 정확히 일치한다. 환난이 많으면 기독교가 침체하고 소멸할 것 같은데, 놀랍게도 극심한 환난과 핍박의 시대에 기독교가 폭발적으로 부흥했다.

이렇듯 핍박과 환난은 우리를 죽이고 넘어뜨리는 대신 더욱 강하고 정결하게 만드는 기회로 사용됐다. 패배처럼 보이는 어려움과 고난은 나를 쇠약하게 만들고, 내 가정과 미래를 절망으로 끌고 갈 것처럼 보이지만, 이 시간을 제대로 활용한다면 그 모든 순간이 오히려 나를 견고하고 존귀하게 만든다.

그러니 고난과 절망, 단점과 약점을 하나님의 아름다운 뜻과 섭리를 이루는 역사로 초대하는 초대장으로 받아들이고 적극적으로 활용하자.

고난은 소망을 이루는 통로다

내게 주어진 고난이 하나님의 길이라면, 이 고난을 인내로 버티고 잘 살아내야 한다. 나는 이 책의 제목을 《버티고 견디고 살아내라》로 정했다. 하나님의 때를 기다리고 인내하는 것, 즉 버티고 견디고 살아내는 것이 신앙이고 그리스도인의 삶이다.

예수님도 앞에 있는 기쁨을 위하여 십자가를 참으셨다.

> 믿음의 주요 또 온전하게 하시는 이인 예수를 바라보자 그는 그 앞에 있는 기쁨을 위하여 십자가를 참으사 부끄러움을 개의치 아니하시더니 하나님 보좌 우편에 앉으셨느니라 히 12:2

"앞에 있는 기쁨"은 무엇일까? 마지막 호흡을 다하시면서 "다 이루었다"라고 말씀하신, 즉 자신의 삶을 통해 하나님의 뜻이 이루어지는 그 마지막 절정의 희열과 기쁨의 순간이 아닐까? 그 기쁨을 위하여, 그 기쁨을 향하여 예수님은 십자가를 참아내셨다. 나는 이 말이 가슴 저미게 다가온다.

"십자가를 참으사"

예수님을 바라보며 그분을 따라가는 길이 신앙이라면, 우리도 앞에 있는 기쁨을 위하여 나에게 주어진 십자가를 참는 자, 십자가를 견디는 자, 십자가를 버티는 자, 십자가를 지고 살아내는 자가 되어야 하지 않겠는가. 그 작은 예수가 바로 당신이기를 하나님은 원하신다.

고난 가운데 취할 가장 소중한 가치는 '인내'다. 환난은 인내를 붙잡는 시간이다. 그 시간에 조급하여 내 인간적인 방법과 생각대로 모든 것을 끝내면 실패자가 된다.

다만 이뿐 아니라 우리가 환난 중에도 즐거워하나니 이는 환난은 인내를, 인내는 연단을, 연단은 소망을 이루는 줄 앎이로다 롬 5:3,4

사도 바울은 우리가 환난을 통해 인내를 배우고, 인내는 우리를 연단하고, 그 연단은 우리에게 그토록 간절했던 소망을 이루게 되기에 환난 중에도 즐거워한다고 했다.

환난과 고난은 전혀 즐거운 일이 아니다. 그런데도 즐거워할 수 있는 단 하나의 이유는 환난으로 인하여 인내를 배우고 그것이 통로가 되어 소망에 이르기 때문이다.

우리는 고민과 문제가 없이 평탄하게 살기를 원하지만, 고난 없이는 영적 어린아이에 머물게 된다. 고난당할 때는 힘들지만 고난으로 인해 내 인생을 성장시키고 아름답게 빚으시는 하나님의 손길을 경험할 수 있다. 그래서 손양원 목사님이 "나는 솔로몬의 부귀보다 욥의 고난이 더 귀하고, 솔로몬의 지혜보다 욥의 인내가 더 아름다워 보입니다"라고 하신 게 아닐까.

고난, 즉 믿음의 시련은 소중한 인내를 가르쳐주는 선생님이다. 인내를 함양시키고, 그 인내를 온전히 이루어감으로 성숙한 하나님의 사람으로 세워지는 복을 누리게 한다.

신앙은 하나님의 때를 기다리는 것이다

그리스도인은 인내하고, 포기하지 않는 사람이다. 낙심하지 않으면 반드시 하나님이 원하시는 일을 이루게 된다. 이 사실을 믿고 주님만을 의지하며 힘차게 나아가라.

하나님께서 주신 꿈을 이루기 위해 열심히 노력하고, 절대 포기하지 말라. 하나님이 주신 꿈을 이루기 위해 살아가는 사람은 하나님의 은혜로 충만하여 반드시 그 꿈을 이루게 될 것이기 때문이다.

선을 행하고 하나님의 일을 하다가도 다 그만두고 싶을 때가 얼마나 많은가? 나는 그럴 때마다 내게 "그래, 낙심하지 말자. 포기하지만 않으면 때가 돼서 반드시 하나님께서 이루어주실 거야"라고 말하곤 했다.

우리가 선을 행하되 낙심하지 말지니 포기하지 아니하면 때가 이르매 거두리라

갈 6:9

당신도 포기하고 싶어서 마음이 흔들리고 있다면, 이 말씀이 당신을 다시 일으키는 지지대가 되었으면 좋겠다. 낙심하지 않도록 마음을 생명처럼 잘 붙들고 있으면 때가 이르매 하나님께서 거두게 하신다. 하나님의 때가 반드시 이를 텐데, 그때까지 낙심하지 않고 포기하지 않으면 하나님이 예비하신 선한 결말을 틀림없이 보게 될 것이다.

5만 번의 기도 응답으로 유명한 조지 뮐러에게 평생의 기도 제목은 어릴 때부터 절친했던 다섯 친구의 회심이었다. 오랜 기도 속에 네 명은 예수님을 믿고 구원받았지만, 조지 뮐러는 마지막 한 친구의 회심은 보지 못한 채 세상을 떠났다.

그 후에 조지 뮐러가 자기를 위해 무려 52년이나 기도했다는 이야기를 들은 친구는 처음으로 교회에 나가게 되었고 거기서 예수님을 영접했다. 회심한 그는 전국을 순회하며 기도의 능력과 권세에 관해 이야기하고 간증했다.

"기도는 능력이 있습니다. 기도는 반드시 응답됩니다. 조지 뮐러 목사님의 기도는 모두 응답되었습니다. 그리고 저는 그 최후의 응답입니다."

조지 뮐러는 응답받지 못했다고 생각하며 눈을 감았겠지만,

하나님의 역사는 그분의 때에 그분의 방법으로 반드시 이루어진다. 신앙은 하나님의 때를 기다릴 줄 아는 것이다. 하나님이 보여주실 때까지, 그분의 뜻이 이루어질 때까지 십자가를 참으며 인내하고 버티며 견디고 살아내는 것이다.

하지만 우리는 내가 원하는 방식으로, 내가 원하는 지금 즉시 이루어져야 하기에 늘 조급하다. 당신이 원하는 '나의 때'에 인내의 시간이 있는가?

고난과 아픔, 시련과 인내의 시간은 뛰어넘고 지금 당장 내가 원하는 대로 되길 바라지는 않는가? 내 뜻대로 되어야만 하나님이 나를 사랑하시고 내 기도에 응답하셨다고 여기지는 않는가? 이러한 생각은 신앙생활을 지루하게 느끼도록 하며 이는 곧 신앙의 오염, 타락을 일으키는 위험한 요소가 될 수 있다.

고난은 방향을 전환할 기회다

여호와의 말씀이니라 너희를 향한 나의 생각을 내가 아나니 평안이요 재앙이 아니니라 너희에게 미래와 희망을 주는 것이니라 **렘 29:11**

우리에게 고난이라는 페이지를 허락하신 하나님의 목적은 분명하다. 그 목적은 우리를 무너뜨리고 멸망시키는 게 아니라 언제나 회복시키는 데 있다. 이는 창조의 순간부터 영원까지 변치 않으실 하나님의 의도이며 계획이다. 그렇다면 하나님이 주신 고난의 시간을 어떻게 활용해야 하겠는가?

그 시간은 잘못된 인생의 방향을 전환할 절호의 기회가 될 수 있으므로 고난 중에 회개하고 돌이켜야 한다. 우리 인생은 완벽하지 않기에 실수와 실패가 존재한다. 그간의 선택과 결정이 완벽했다면 왜 그토록 많은 고통과 고난을 당했겠는가.

우리는 연약하고 불완전하기에 잘못된 선택도 하고, 계속 넘어지며 실패를 경험한다. 그럴 때마다 우리가 해야 할 일은 하나님 앞에 엎드려 회개하고 다시 돌아가는 것이다. 하나님을 의지하는 자리, 하나님만 바라보는 자리, 하나님의 말씀을 경외하고 그 말씀에 순종하는 자리로….

하나님 앞에 회개한 대표적 인물이 다윗이다. 시편 34편의 표제는 '다윗이 아비멜렉 앞에서 미친 척하다가 쫓겨나서 지은 시'라고 적혀 있다. 이 시는 사무엘상 21장 10-15절의 사건을 배경으로 한다.

사울을 두려워한 다윗은 하나님께서 원하신 신앙과 사명의 자리를 저버리고 가드 왕 아기스에게로 도망했다. 인생 문제의 해결책이 거기 있다고 생각한 것이다.

그곳으로 피신하면 편안하고 안정적일 것 같았으나, 이는 하나님이 아닌 사람에게 생명을 구걸하는 세상적 방법이자 잘못된 선택이었다. 그 결과, 하나님나라를 다스릴 왕으로 기름 부음을 받은 존귀한 자가 수염에 침을 흘리며 미친 척하는 비참한 신세가 되었다.

시편 34편은 이 사건 후에 죽음의 위기를 모면하고 쫓겨나와서 지은 감사의 시다.

의인은 고난이 많으나 여호와께서 그의 모든 고난에서 건지시는도다 시 34:19

다윗은 그렇게 하나님께로 돌이켜 "의인은 고난이 많으나 여호와께서 그의 모든 고난에서 건지신다"라고 고백함으로써, 내 인생의 답이며 나를 고난에서 건져주실 분은 사람이 아니라 오직 하나님이심을 진심으로 선포했다.

고난에도 회개하지 않음은 절망이다

회개와 돌이킴은 소망이다. 고난과 시련, 환난이 절망적인 것이 아니라 그 고난과 시련 중에 돌이키지 않고 회개가 없는 것이 절망이다. 다윗은 돌이켜 하나님을 의지하였으나 그와 반대로 곤고할 때 범죄하여 멸망을 자초한 사람도 있다.

유다 왕국의 아하스 왕이 우상을 숭배하고 악을 행하니 하나님께서 그를 아람 왕과 이스라엘 왕의 손에 넘기셨다(대하

28:5,6). 그런데도 그 후로 계속 범죄하니 하나님은 유다를 낮추어 에돔과 블레셋의 침략을 받게 하셨다.

> 이는 에돔 사람들이 다시 와서 유다를 치고 그의 백성을 사로잡았음이며 블레셋 사람들도 유다의 평지와 남방 성읍들을 침노하여 … 이는 이스라엘 왕 아하스가 유다에서 망령되이 행하여 여호와께 크게 범죄하였으므로 여호와께서 유다를 낮추심이라 대하 28:17-19

엎친 데 덮친 격으로 위기가 몰아치자, 다급해진 아하스는 앗수르 왕에게 도움을 청했다. 그런데 도와줄 줄 알았던 앗수르 왕이 도리어 유다를 공격했다.

> 그때에 아하스 왕이 앗수르 왕에게 사람을 보내어 도와주기를 구하였으니 … 앗수르 왕 디글랏빌레셋이 그에게 이르렀으나 돕지 아니하고 도리어 그를 공격하였더라 대하 28:16,20

다윗이 사울을 두려워하여 가드 왕 아기스에게 의지했듯 아하스는 위기에 처하자 하나님 대신 앗수르를 의지했다가 믿었던 앗수르 왕에게 도리어 공격받았다. 성경은 똑같은 구조다.

우리도 마찬가지다. 의지하고 믿었던 것에 배신당하고 발등을 찍힐 때가 많지 않은가.

고난을 만났을 때 다윗처럼 회개하고 돌이켰으면 좋았을 텐데, 아하스는 그때도 정신을 못 차리고 더 큰 죄를 지었다.

이 아하스 왕이 곤고할 때에 더욱 여호와께 범죄하여 자기를 친 다메섹 신들에게 제사하여 이르되 아람 왕들의 신들이 그들을 도왔으니 나도 그 신에게 제사하여 나를 돕게 하리라 하였으나 그 신이 아하스와 온 이스라엘을 망하게 하였더라 대하 28:22,23

자기를 쳤던 다메섹(아람)의 신들을 의지하여 그들에게 제사했고, 결국 아하스와 그의 나라가 망하게 되었다.

환난과 시련이 찾아와서 절망적이라고 생각하는가? 진짜 절망은 문제의 크기, 사태의 중함과 다급함이 아니라 그 고난 중에도 돌이키지 않는 것이다. 고난 중에 원망하고 불평하는 것도 잘못이지만 더 나쁜 것은 그때도 정신 못 차리고 하나님 대신 사람을 의지하며 환경에 기대는 것이다. 이것이야말로 소망 없는 자의 모습이다.

고난을 자랑하라

우리는 약해서 무너지는 게 아니다. 약하기 때문에 자만해지지 않고 겸손히 하나님께 돌이킬 수 있게 되며, 그 약함은 내 신앙을 점검하고 순결해지도록 하여 하나님의 뜻이 내 삶에서 온전해지게 한다.

사도 바울은 약했고 능욕과 궁핍과 박해와 곤고를 당했다. 그런데 그를 태우는 줄 알았던 고난의 불이 실은 마치 풀무불처럼 그를 더 순결하게 하고 정금처럼 만드는 아름다운 과정이었다.

그 과정에서는 내면의 불신과 인간적인 마음과 교만함, 정욕과 탐욕처럼 더러운 것들이 타서 없어져야 한다. 이때, 하나님에 대한 신뢰와 그분이 이루실 내 미래에 대한 소망이 불타서는 안 된다. 반드시 태워야 할 불순물들이 타서 없어지면 믿음과 소망은 연단의 도가니 안에 순금처럼 남아 있을 것이다.

그 시간이 지나면 지금까지 부끄러워하고 숨기려고 했던 "나의 여러 약한 것들에 대하여 자랑"(고후 12:9)하고, "약한 것들과 능욕과 궁핍과 박해와 곤고를 기뻐"(고후 12:9,10)하는 날이 반드시 올 것이다.

하나님을 저버리고 사람을 의지하다가 망신당하고 위기를 맞았던 다윗이 그 잘못을 회개하고 하나님께로 돌이킨 후에 여호와만 의지하겠다고 고백하며 쓴 시가 시편 56편이다.

내가 하나님을 의지하여 그의 말씀을 찬송하며 여호와를 의지하여 그의 말씀을 찬송하리이다 내가 하나님을 의지하였은즉 두려워하지 아니하리니 사람이 내게 어찌하리이까 시 56:10,11

우리도 계속 실패한다. 하지만 지금은 실패해도 끝에 가서는 마지막 결론으로 이런 노래를 불러야 하지 않겠는가.

고난 중에 돌이키지 않고 세상에 굽신거리며 돈 앞에 머리를 조아리고 무릎 꿇으면서 더 큰 죄를 지을 것인가? 하나님이 진정한 만군의 여호와이시며 나의 유일한 소망임을 고백하며 살아야 하지 않겠는가!

하나님은 우리가 고난과 시련을 통해 하나님의 의중을 알고, 하나님이 계획하신 그대로 회복되어 역전과 반전의 이야기를 우리 입술과 삶으로 증거하고 자랑하길 원하신다.

당신은 지금의 상처를 이기고 누군가를 위로하는 자가 될 것이다. 오늘의 한숨이 변하여 노래가 되고, 신음이 변하여 찬양이 될 것이다. 지긋지긋한 걱정과 고민거리가 간증이 되어, 아픈 시절을 미소로 추억하며 고난을 자랑할 날이 틀림없이 올 것이다.

그러니 사랑하는 자여, 오늘을 버티고 견디고 살아내라. 주어진 오늘을 잘 버티고 견디고 살아내기 위한 몸부림이 훗날 멋진 승리의 춤사위가 될 것이다. 그런 당신을 마음 다해 응원한다.

chapter

5

고난은 소중한 것을
드러낸다

그러나 내가 가는 길을 그가 아시나니 그가 나를 단련하신 후에는
내가 순금같이 되어 나오리라 내 발이 그의 걸음을 바로 따랐으며
내가 그의 길을 지켜 치우치지 아니하였고 내가 그의 입술의 명령을
어기지 아니하고 정한 음식보다 그의 입의 말씀을 귀히 여겼도다

욥 23:10-12

개척 시절, 두 살배기 딸을 업은 아내와 함께 심방을 가고 있는데 느닷없이 세찬 폭우가 쏟아졌다. 내가 가진 우산은 두 사람이 쓰기에는 좀 작아서 나는 그것을 아내에게 주고, 내 가장 소중한 보물인 성경이 비에 젖지 않도록 닭이 알을 품듯 성경이 든 가방을 겉옷 안에 품고 달렸다.

아내는 우산을 펼쳐서 뒤에 업은 아기에게 집중적으로 씌웠다. 자기는 비를 다 맞으면서도 아기는 최대한 덮고 가리려고 애썼다. 그때 한 학생이 가방을 우산 삼아 한껏 멋을 낸 머리를 가리고 우리 곁으로 지나갔다.

똑같은 물건이고 대상이지만, 갑작스레 폭우가 쏟아지는 한 공간에서 자기가 소중하게 여기는 것이 드러났다. 나는 우산을 아내에게 넘겼고, 아내는 딸을 가렸다. 어떤 이는 가방을 가슴에 품고, 다른 이는 가방을 우산 삼아 자기를 가렸다.

이렇듯 폭우 같은 환난이 찾아오고 시험의 비가 몰아닥치면, 자기의 가치와 우선순위가 여실히 드러난다. 본능적으로 자신에게 소중한 것부터 보호하고 챙기기 때문이다.

몇 년 전, 예기치 못한 폭우로 부산의 한 아파트가 침수되고 뒷

산에서 토사까지 흘러내려 주민들이 대피한 적이 있었다. 취재 기자가 집에서 겨우 탈출한 한 남성을 인터뷰했는데 그는 옷도 제대로 갖춰 입지 못한 채 숨을 헐떡이며 "중요한 것만 거우 들고나왔어요. 통장, 현금, 집문서 같은 거…"라고 말했다.

그렇다면 집 안에 남겨진 것들은 과연 그에게 없어져도 될 만큼 무의미했을까? 아니다. 얼마 전 큰맘 먹고 새로 산 TV도, 가족사진도, 젊음을 다 바친 회사에서 받은 30년 근속 기념패도 모두 소중했을 것이다.

두고 나왔다고 해서 하찮고 쓸데없는 게 아니다. 다만, 소중한 것들 가운데서도 최우선의 가치로 선택해야 할 우선순위가 있었다. 그에게는 그게 바로 돈과 통장, 집문서 같은 것이었다. 아마도 재난 극복의 도구로서 중요하다고 여겼을 것이다.

성도에게도 이와 같은 체험과 분별력이 있어야 한다. 시험과 고난이 닥쳤을 때 그것을 이겨내고 회복하기 위해서 가장 중요하고 필수적인 것을 최우선의 가치로 선택할 지혜와 분별력, 용기와 믿음이 필요하다.

삶의 어려움 속에서 우리가 붙들 소중한 우선순위는 무엇일까? 누군가의 '돈과 집문서'처럼 내 삶을 최대한 빠르게 회복시키고, 다시 일어서게 할 가장 큰 능력과 가치는 무엇일까? 바로 말씀이다. 시험의 바람이 불고 환난의 창수가 닥칠 때 우리는 먼저 하나님의 말씀을 듣고, 그분의 약속을 붙잡고 일어나야 한다.

약속의 말씀에는 전제 조건이 있다

욥은 성경의 수많은 인물 중에서 시험과 고난의 대명사로 불린다. 그에게 불어닥친 시험은 감히 상상할 수도 없고, 결코 맞이하고 싶지 않은 고난이다. 소중한 모든 것을 다 잃고 어디서도 소망을 찾지 못하는 절망의 밑바닥에서 욥은 고백했다.

> 그러나 내가 가는 길을 그가 아시나니 그가 나를 단련하신 후에는 내가 순금 같이 되어 나오리라 욥 23:10

많은 성도가 참 좋아하는 말씀이고, 이 말씀으로 "이 고난이 무의미한 것이 아닌 줄 믿습니다. 하나님께서 나를 연단하시는 줄 믿습니다. 힘들고 어려운 과정으로 나를 단련하신 후에는 내가 순금처럼 정결해지고 빛날 것입니다"라고 고백한다.

하지만 모든 실패가 다 성공의 어머니가 되지는 않으며, 시간이 흐른다고 해서 모든 상처가 영광스러운 간증이 되는 건 아니다. 고난을 겪는 사람은 많으나 모두가 그 고난 때문에 잘되는 것도 아니다.

우리는 하나님의 말씀을 읽을 때 내가 원하는 말씀만 선택적으로 받아들이는 경향이 있다. 좋아하는 말씀을 액자에 끼워서 걸기도 하고, 필사도 하고, 묵상하며 암송하기도 하는데 약속의 말씀에는 항상 대전제가 있다는 사실을 알아야 한다.

하나님은 약속의 말씀을 주실 때 그 말씀 전후에 반드시 "네가 이렇게 하면"이라는 전제 조건을 두신다. 복을 약속하는 성경 구절의 전후를 살펴보면, 네가 어떻게 살아가고 어떤 믿음의 선택을 하면 이런 복과 삶을 주리라는 전제를 볼 수 있다.

하지만 우리는 좋아하는 말씀만 읽을 뿐, 앞뒤로 나와 있는 더 중요한 내용, 즉 약속이 이루어지기 위한 전제가 되는 이행 조건은 보지 않는다. 그러면서 약속을 지키지 않으신다며 하나님을 원망하는데, 그 약속은 본인이 깼다는 것을 알아야 한다.

예를 들어, BTS가 나를 만나준다고 전화해서 1월 1일 오후 1시에 샤이니 미용실 앞에서 보자고 말했다고 가정해보자. 나는 당장 동네방네 자랑하고 난리가 날 것이다.

그 약속은 진짜다. 그래도 BTS를 만나려면 1월 1일 오후 1시에 샤이니 미용실 앞으로 나가야 한다. 5시에 가면 안 되고, 2일에 나가도 안 되며, 다른 미용실 앞에 가 있어도 안 된다. 약속한 날짜와 시간에 약속한 장소로 가야 만날 수 있다.

그런데 내가 이 약속을 잊고 다른 날, 다른 때, 다른 곳에 가 있으면 BTS를 만날 수 있는가? "BTS가 날 만나준대, BTS가 날 만나준대…" 백번 천번 암송한들 주문 외우는 것과 다를 바 없고, 결국 몇 년이 지나도 못 만난다. 자기가 잘못해서 BTS를 못 만났는데, "나를 만나준다더니 거짓말했어"라고 분노하고 원망하면 되겠는가?

하나님의 약속도 똑같다. 하나님이 내게 주시는 약속의 말씀과 소망은 틀림없는 사실이지만, 그 앞뒤에 있는, 이 약속을 이루시기 위한 대전제를 내가 지키며 살아가야만 말씀의 성취를 보고 누릴 수 있는 것이다.

내 육신의 필요보다 하나님의 말씀을 귀히 여기는가

하나님의 약속을 말씀으로 받고, 그 말씀이 내게 이루어지기를 바란다면, 그 말씀을 외우기만 할 것이 아니라 앞뒤의 실행 조건인 말씀을 내 삶으로 받고 순종하며 살아야 한다.

좋아하는 성경 구절을 달달 외우고 말씀을 액자에 넣어서 걸어두는 게 중요한 것은 아니다. 하나님이 주신 말씀대로 살아가면, 설령 내가 그 약속을 잊었더라도 신실하신 하나님은 그분의 약속대로 나를 순금처럼 연단하고 빚으신다.

"그가 나를 단련하신 후에는 내가 순금같이 되어 나오리라"(10절)라는 말씀도 중요하지만, 그다음의 고백은 더욱 중요하다. 절망스러운 처지가 되어서도 욥은 하나님의 말씀을 귀히 여기고 그분의 인도하심을 믿고 그 길을 따라 걸었다.

내 발이 그의 걸음을 바로 따랐으며 내가 그의 길을 지켜 치우치지 아니하였고
내가 그의 입술의 명령을 어기지 아니하고 정한 음식보다 그의 입의 말씀을 귀

히 여겼도다 욥 23:11,12

"정한 음식보다 그의 입의 말씀을 귀히 여겼"다는 것은 하나님의 입에서 나오는 말씀을 꼭 필요한 양식보다 귀하게 여겼고, 끼니는 걸러도 하나님의 말씀은 거를 수 없었다는 뜻이다. 이는 하나님에 대한 전적인 신뢰에서 나온 고백이다.

욥은 하나님의 약속을 신뢰하는 믿음으로 그분이 이끄시는 대로 걸어갔으며, 그분의 말씀을 무엇보다 소중하게 여겨 다른 길로 치우치지 않았다. 자신이 살아갈 힘의 근원과 삶을 회복하는 원동력이 '말씀'이라고 생각해 그것을 선택했다.

이렇듯 하나님을 따르고 그 길을 지켜 치우치지 않는 사람, 하나님의 명령을 어기지 않고 말씀을 귀히 여기는 사람은 10절에 기록된 대로 연단 후에 순금과 같은 축복을 누리게 된다.

하나님은 말씀을 소중하게 여기고 순결하게 따르는 자들을 지키시고 이 세대로부터 보호하여 영원히 보존하겠다고 약속하셨다.

여호와의 말씀은 순결함이여 흙 도가니에 일곱 번 단련한 은 같도다 여호와여 그들을 지키사 이 세대로부터 영원까지 보존하시리이다 시 12:6,7

당신은 하나님의 말씀을 소중하게 여기는가? 당신의 삶에서 선택과 결정의 근거, 판단과 고민의 조건이 말씀인가? 욥처럼 하나님의 말씀을 목숨보다 중요하게 여기고 있다면 문제와 고난의 크기, 상황과 형편의 열악함은 걱정하지 않아도 된다. 하나님의 약속과 말씀을 소중히 여긴다면 그분께서 친히 당신의 삶도 욥처럼 회복시키실 것이기 때문이다.

시험 중에도 하나님의 말씀을 소중히 지키는가

당신은 고난의 비바람이 몰아쳐도 하나님의 말씀을 귀히 여기고 소중히 지키는가? 어려운 순간에 판단을 내리고 결정하는 그 근거가 하나님의 말씀인가? 그렇다면 걱정하지 말라. 당신이 겪는 이 고통의 시간이 변하여 정금처럼 빛나고, 순금같이 정결해질 것이기 때문이다.

반대로, 조금만 힘들어도 하나님의 말씀을 내동댕이치는가? 언제든 내버려두고 떠날 수 있는 예배를 드리고 있는가? 만약 그렇다면 당신의 평온하고 고상한 신앙생활은 고난의 비가 불어닥칠 때 곧바로 침수되고 말 것이다. 고난의 시간이 축복으로 바뀌는 것이 아니라 의미 없는 아픔과 상처로 반복될 것이기 때문이다.

직장, 직업을 내려놓고라도 사명과 말씀을 붙드는 사람이 있는가 하면 말씀과 은혜를 버려서라도 직장과 직업을 선택하고 신앙을 포기하고라도 감정과 결혼을 택하는 사람도 있다.

예수님은 그분의 말씀을 듣고 행하는 자는 반석 위에 집 지은 사람과 같아서 흔들리지 않지만, 말씀에 불순종하고 말씀을 귀히 여기지 않고 살아가는 사람은 마치 모래 위에 집을 지은 사람과 같아서, 어느 때든지 비가 내리고 창수가 일고 바람이 불면 그 집이 금세 무너져버릴 것이라고 말씀하셨다.

> 나의 이 말을 듣고 행하지 아니하는 자는 그 집을 모래 위에 지은 어리석은 사람 같으리니 비가 내리고 창수가 나고 바람이 불어 그 집에 부딪치매 무너져 그 무너짐이 심하니라 마 7:26,27

당신이 지은 은혜의 집, 말씀의 집, 예배의 집이 견고하길 바란다. 그것이 소중한 가치의 1순위가 되어야지, 언제든지 버릴 수 있는 것이 되어서는 안 된다. 고난의 비가 올 때 언제든 은혜와 말씀을 포기한다면 하나님도 당신의 삶, 그 가정과 자녀를 존귀하게 빚으실 이유가 없다.

> 하나님의 도는 완전하고 여호와의 말씀은 순수하니 그는 자기에게 피하는 모든 자의 방패시로다 여호와 외에 누가 하나님이며 우리 하나님 외에 누가 반석이냐 시 18:30,31

하나님은 그분에게 피하며 그분의 말씀 안에 있는 자들에게 방패가 되어주신다. 그러나 하나님과 그 말씀을 소중히 여기지 않고 입으로만 하나님을 찾고 말씀과 상관없이 사는 자의 삶에는 역사하지 않으며 그의 방패가 되어주지도 않으신다.

하나님이 방패와 반석 되어주시길 원하는가? 산성과 요새, 방패가 되어주시길 원하는가? 그렇다면 "하나님의 말씀은 완전하고 순수하니 나는 그 말씀을 따르고 하나님께로만 피하겠습니다"라고 고백하며 살아가길 바란다.

말씀을 떠난 나는 아무것도 아니다!

신앙생활 중에 내가 믿음으로 성장하고 성숙하게 변화된 것 같은 때가 있다. 사실은 내가 성숙하고 대단해진 게 아니라 말씀의 영역 안에 있었을 뿐이다. 활활 타는 모닥불 안의 장작은 영원히 탈 것 같지만, 모닥불에서 끄집어내면 금세 불이 꺼지고 맥없이 재가 된다. 내 신앙도 말씀과 은혜 안에 있지 않으면 언제든 꺼져버리고 재가 되어 흩날린다.

> 내 안에 거하라 나도 너희 안에 거하리라 가지가 포도나무에 붙어 있지 아니하면 스스로 열매를 맺을 수 없음같이 너희도 내 안에 있지 아니하면 그러하리라 나는 포도나무요 너희는 가지라 그가 내 안에, 내가 그 안에 거하면 사람이 열매를 많이 맺나니 나를 떠나서는 너희가 아무것도 할 수 없음이라 … 너희가

내 안에 거하고 내 말이 너희 안에 거하면 무엇이든지 원하는 대로 구하라 그리하면 이루리라 요 15:4,5,7

예수님은 우리가 하나님의 말씀 안에 거할 때 많은 열매를 맺는다고 말씀하셨다. 나 스스로 대단해져서 뭐든지 할 수 있는 것이 아니라, 말씀 안에 있으면 그 능력으로 말미암아 살아갈 수 있는 것이다. 말씀 안에 살아가지 못할 때, 그 은혜를 벗어났을 때 내 안의 짐승이 나온다.

건강한 신앙은 나 자신을 믿지 않는 것, 나를 믿지 않고 오직 하나님만 믿는 것이다. 나는 하나님이 붙들어주셔야 하고 그분께 붙어 있어야 사는 존재임을 기억하라. 자기를 못 믿겠다면, 최대한 말씀 안에 거하라. 그 은혜는 다른 어떤 이유와 핑계로도 팔아넘겨선 안 된다.

돌감람나무가 좋은 비료를 먹고 스스로 열심히 성실하게 뿌리 내린다고 해서 참감람나무의 좋은 열매를 맺는 건 아니다. 돌감람나무가 참감람나무가 되는 길은 유일하다. 참감람나무에 접붙임을 당하는 것뿐이다.

우리는 죄악의 뿌리 안에 있는 돌감람나무일 뿐이다. 내 열정과 의지, 열심과 노력으로는 참감람나무가 될 수 없다. 오직 하나, 참감람나무이신 하나님께 붙어사는 것만이 돌감람나무 같은 우리가 좋은 열매를 맺는 길이다.

참감람나무에 접붙임을 받는 것은 자기 본성을 거스르는 것(롬 11:24), 즉 돌감람나무의 본질을 버리는 것이다. 그러므로 내게 허락하신 은혜의 자리, 예배의 제단을 지켜야 한다. 다시 옛 모습으로 돌아가면 같은 실수와 죄를 되풀이하고, 고통과 고난이 순금처럼 연단되는 대신 동일한 고통만 반복된다.

접붙인 가지가 떨어지지 않도록 꽉 붙들어 매는 유일한 접착제가 바로 말씀이다. 말씀을 소중히 여겨라. 현실과 타협하고 불순종하면서 말씀을 훼손하지 말라. 말씀을 훼손하고 파괴하는 것은 하나님과의 약속을 깨뜨리는 것이기 때문이다.

말씀의 검을 붙들어라

악한 마귀에게 속지 않으려면 말씀의 검을 더욱 단단히 붙들어야 한다. 귀신으로 번역되는 악한 영과 더러운 영은 죽은 사람들의 영혼이 아니라 타락한 천사인 마귀의 졸개다. 이들은 우리 각자의 두려움과 환상, 이미지를 입고 나타난다.

바울은 마귀의 간계를 대적하기 위해 하나님의 전신 갑주를 입으라고 했다.

마귀의 간계를 능히 대적하기 위하여 하나님의 전신 갑주를 입으라 우리의 씨름은 혈과 육을 상대하는 것이 아니요 통치자들과 권세들과 이 어둠의 세상

주관자들과 하늘에 있는 악의 영들을 상대함이라 엡 6:11,12

우리의 싸움은 혈과 육을 상대하는 것이 아니다. 통치자들과 권세들과 이 어둠의 세상의 주관자들과 싸우는 것이다. 우리는 하늘에 있는 악의 영들을 상대하여 그들이 보내는 악한 졸개를 대적해야 한다. 하나님의 전신 갑주를 입는 것밖에는 그것들을 능히 대적할 방법이 없다.

그러므로 하나님의 전신 갑주를 취하라 이는 악한 날에 너희가 능히 대적하고 모든 일을 행한 후에 서기 위함이라 그런즉 서서 진리로 너희 허리띠를 띠고 의의 호심경을 붙이고 평안의 복음이 준비한 것으로 신을 신고 모든 것 위에 믿음의 방패를 가지고 이로써 능히 악한 자의 모든 불화살을 소멸하고 구원의 투구와 성령의 검 곧 하나님의 말씀을 가지라 엡 6:13-17

마귀를 이길 수 있는 가장 강력한 무기는 바로 성령의 검, 즉 하나님의 말씀이다. 마귀가 어떻게든 우리를 넘어뜨리려고 우는 사자같이 다니며 틈을 노릴 때, 우리는 근신하고 깨어서 기도해야 한다. 그렇기에 18절에 바로 이 말씀이 이어진다.

모든 기도와 간구를 하되 항상 성령 안에서 기도하고 이를 위하여 깨어 구하기를 항상 힘쓰며 여러 성도를 위하여 구하라 또 나를 위하여 구할 것은 내게 말

쓺을 주사 나로 입을 열어 복음의 비밀을 담대히 알리게 하옵소서 할 것이니

엡 6:18,19

모든 기도와 간구를 하되 항상 성령 안에서 기도하고 이를 위하여 깨어 구하기를 항상 힘써야 한다. 또한 여러 성도를 위해 기도해야 한다. 이는 성령 안에서 말씀의 검을 붙들고 기도하라는 의미다. 말씀 안에서 기도하지 않으면 하나님의 능력이 나타나지 않기 때문이다. 사도 바울도 자기를 위해서 복음의 비밀을 담대히 알릴 수 있도록 기도해달라고 부탁했다.

이 시대를 장악하고 있는 악한 영들과 더러운 귀신의 공격을 이기기 위해서는 말씀의 검을 붙들어야 한다. 담대하게 말씀을 선포할 때 어두운 시대를 극복하고 이겨낼 수 있다. 말씀을 소중히 다루라! 특별히 자녀들 앞에서 말씀을 소중하게 다루어야 그들도 말씀을 소중하게 여긴다.

값없이 주시는 말씀을 싸구려 취급하지 말라

예전에 CBS에 녹화하러 갔다가 아세아연합신학대학원 부총장이신 이한영 목사님을 뵙게 되었다. 이분은 뉴욕 암센터에서 근무하셨을 정도로 아주 유능한 의사 출신이고, 물리학에도 고견을 가진 분이다. 쉬는 시간에 서로 대화를 나누었는데, 이분이 툭 던

진 말씀이 매우 인상 깊었다.

"지금껏 인류가 만든 약 중에 가장 좋은 약은 아스피린입니다. 그런데 참 이상한 게, 사람들은 이 좋은 약을 처방하면 싫어해요. 제약회사의 로열티 기간이 끝난 덕분에 약값이 저렴해져서 거의 무상처럼 제공되는데, 싸니까 싸구려 취급을 하고, 나한테 왜 이런 약을 처방하느냐면서 처방한 의사를 돌팔이 취급합니다. 그런 이유로 제약회사에서 약 이름과 제조법만 약간 바꿔서 다른 약으로 비싸게 파는 거예요."

가장 좋은 약인데도 저렴하다고 싸구려로 취급하고 되레 화를 낸다니. 웃긴 이야기 같지만, 우리에게도 그런 모습이 있지 않은가. 우리는 값비싼 대가를 치르게 해야만 귀하게 여기고, 무료로 제공되는 호의는 그 가치를 몰라서 존중하지 않는다.

그러니 값없이 주시는 복음은 어떻겠는가. 복음에 대가를 치르게 하면 훨씬 더 교회가 부흥할 거라는 누군가의 말이 농담으로 들리지 않는다.

하나님께서 복음과 말씀의 은혜를 조건 없이 무제한으로 주시니 말씀을 귀히 여기지 않고 싸구려 취급하는 사람이 있다. 성숙이란 대가 없이 무료로 받았다고 해도 소중한 것을 소중한 것으로, 귀한 것을 귀한 것으로 여기고 대접할 줄 아는 것이다.

대한민국축구선교회와 한국섬선교회 등을 섬기고 있는 박에녹 목사님은 한때 돌아가신 어머니를 그리워하다 내림굿까지 받은 무속인이었다. 그는 형처럼 지내던 법사에게 "동생도 예수 믿게!"라는 충격적인 말을 듣고 예수님을 영접하게 되었다.

그 법사는 자기도 평생 귀신을 모시고 살았기에 굿이 사람들의 약한 마음을 이용해 거액의 돈을 갈취하는 것임을 잘 알고 있었다. 그런데 췌장암에 걸려 죽음을 앞둔 자신에게까지 굿을 권하며 돈을 뜯어내려는 동료 무당들을 보고는 귀신이 얼마나 탐욕스럽고 악한지 새삼 느끼며 '이건 아니다' 싶었다고 한다.

반면, 호스피스 병동에 봉사하러 온 그리스도인들은 한 번도 돈을 요구하지 않고 오히려 자기 돈을 써가면서 봉사하고, 정성으로 자신을 돌보며 위로해주었다고 한다. 그들의 헌신을 보고 그 법사는 하나님이 진정 자기가 모셔야 할 분임을 깨닫고 예수님을 믿기로 한 것이다.

사람들은 1억 원짜리 굿을 치르게 하면 온갖 정성을 다하면서, 무료로 제공되는 은혜의 말씀은 하찮게 여긴다. 세상 사람들은 하나님을 몰라서 어리석게 행동하지만, 우리가 그래선 안 된다.

하나님께서 주신 복음과 말씀의 은혜를 진심으로 사모하고 소중하게 여겨야 한다. 당신도 성숙한 신앙인이 되어 늘 말씀을 소중히 여기고, 그 말씀의 통로가 되길 바란다.

하나님의 말씀을 소중히 여겨라

"고추장 맛의 비밀은 며느리도 몰라, 아무도 몰라"라는 광고의 주인공 마복림 할머니는 신당동 떡볶이의 원조다. 궁중 떡볶이처럼 간장으로 만든 떡볶이만 있을 때 최초로 고추장을 사용해 빨간 떡볶이를 만든 분이다.

이분이 1953년에 신당동에서 가게를 열어 50년 넘게 장사를 하셨는데 돌아가시기 5년 전까지 며느리에게 소스 제조법을 알려주지 않았다고 한다. 그 며느리는 신혼여행에서 돌아오자마자 가게에서 하루도 쉬지 않고 일했는데도 30년 동안 그 비법을 알지 못하다가 2006년에야 전수받을 수 있었다.

지금은 자기 딸과 일하고 있는데 한 TV 프로그램에 출연해 "언젠가는 딸에게 비법을 알려주겠지만, 지금은 아니죠"라고 말했다. 언젠가는 딸이 가업을 잇겠지만 아직은 비법을 전수하지 않겠다는 것이다.

재미있는 사실은, 인터넷에 이미 마복림 할머니의 비법 소스 레시피가 떠돌아다닌다는 것이다. 그런데도 딸에게 비법을 알려주지 않는다는 것은 어떤 의미일까? 게다가 고추장으로 만든 떡볶이가 처음 나왔을 때는 모두가 신기하다는 반응을 보였지만, 빨간 떡볶이가 대중화된 지금은 더 맛있는 떡볶이 가게도 많기에 예전의 떡볶이 소스 비법이 대단하게 여겨지지 않는다.

그런데도 딸에게 비법을 알려주지 않는 이유는, 그때의 그 맛이 그리워 찾아온 손님들에게 본래의 맛을 그대로 전해주길 바라는 마음 때문이 아닐까? 소스 레시피가 중요한 게 아니라 오래전 그 맛을 그대로 간직하는 것이 얼마나 소중한지를 가르쳐주려는 의미라는 생각이 든다.

만약 마복림 할머니가 며느리에게 고추장 떡볶이의 비법을 쉽게 알려줬으면 그 맛은 계속 변했을지도 모른다. 전수한 비법을 가치 없게 여겨서 자기 입맛과 기호에 따라 간도 더하고, 설탕도 더 넣으면서 맛이 변해갔을 것이다.

그런데 30-40년이 지나야 그 비법을 알려주니 얼마나 감격스럽고 그 비법이 소중하겠는가. 그 덕분에 비법이 훼손되지 않고 그 맛이 70년 넘게 동일하게 유지될 수 있었던 것 같다. 할머니가 비법과 그 맛을 소중하게 대하여 물려주자 며느리도 그것을 소중히 여긴 것이다.

성도에게도 하나님의 말씀을 소중하게 여기는 태도가 필요하다. 특히 자녀들 앞에서 더욱 그러하길 바란다. 그래야 자녀들도 하나님의 말씀과 그분의 은혜를 소중히 여긴다. 불의하고 타락한 이 세상에서 흔들리지 않는 나의 피난처이자 안식처, 방패와 반석인 하나님의 말씀을 목숨 걸고 붙잡아서 승리하는 인생이 되기를 바란다.

chapter

6

고난은 모든 것을
명확하게 한다

두려워하지 말라 내가 너와 함께함이라 놀라지 말라 나는
네 하나님이 됨이라 내가 너를 굳세게 하리라 참으로 너를
도와주리라 참으로 나의 의로운 오른손으로 너를 붙들리라

사 41:10

"내가 이번에 바닥을 치면서 기분이 더러워질 때가 많았는데 한 가지 좋은 점이 있다. 사람이 딱 걸러져. 진짜 내 편과 내 편을 가장한 적. 인생에서 가끔 시련이 오는 거, 진짜와 가짜를 한 번씩 걸러내라고 하나님이 주신 기회가 아닌가 싶어."

장로님의 딸로 대사 속에 기독교적 마인드를 잘 녹여내는 박지은 작가의 드라마 〈별에서 온 그대〉에서 주인공 천송이(전지현 扮)가 어려운 처지에 놓였을 때 말한 유명한 대사다.

고난을 좋아하고 즐거워하는 이가 어디 있을까? 고난에 관해 설교하고 고난을 잘 감당하자고 외치는 나도 고난을 선택할 수 있다면, 별로 원치 않을 것 같다.

고난은 피하고 싶을 만큼 고통스럽지만, 그렇다고 쓸모없는 것만은 아니다. 고난이 신앙과 삶에 가져다주는 유익도 분명히 있다는 사실을 우리는 직간접적인 경험을 통해 알고 있다. 고난의 유익 중에서 놓치기 쉬운 것이 있는데 바로 '명확성'이다.

고난이 찾아와 삶을 뒤덮어버리면 사방이 어두워 보이고 정신이 없어진다. 하지만 조금만 정신을 차리고 믿음의 눈을 들면, 내 삶의 본질과 내 주변의 실체가 또렷하고 명확하게 보이기 시작한다. 깜깜한 어둠과 절망의 밑자락에서만 보이는 명확한 가치가 있기 때문이다.

고난이 진짜와 가짜를 분별해준다

당신의 인생도 아마 천송이의 대사와 같은 독백으로 가득 차 있을 것이다. 진짜 위기와 아픔이 와보면 누가 진짜 친구이고 누가 친구를 가장한 적인지 딱 걸러진다. 나를 사랑하는 사람도 있지만 나를 필요로 하는 사람도 있었다. 실패하고 무너져보면, 누가 진짜 내 사람인지 확연히 보인다.

대개 진짜보다는 가짜가 더 많아서 그럴 때면 굉장히 낙심하게 된다(누군지 생각할 것 없이, 나 자신부터 누군가의 '가짜'일 수도 있으니 남을 탓할 일은 아니다).

잘되는 사람에게는 누구나 관심을 두고 모여든다. 심지어 교회 사역도, 선교지에 가서도 그렇다. 유익이 있고 즐거운 곳은 가만히 있어도 사람들이 가서 줄을 선다. 하지만 힘들고 희생이 필요한 일, 소외된 사람에게는 눈길도 안 준다.

담임목사로서 한 걸음만 떨어져서 보면 어렵고 중한 일을 맡길 수 있는 충성된 일꾼과 아직은 좋은 것만 누리게 해주며 보살펴야 하는 미성숙한 사람이 다 보인다. '힘들고 어렵고 희생하고 손해

보는 곳에 먼저 달려가는 사람을 하나님도 보기 원하지 않으실 까?'라는 생각이 들었다.

그러니 때로는 교회도 힘들어져 보고, 목회자도 아프고 고독해져 봐야 한다. 그 시간은 실패가 아니라 진짜와 가짜를 걸러내는 필터링의 시간이다.

그런데 생각해보자. 가짜가 있다는 건 진짜도 있다는 얘기다. 우리는 대부분 힘들고 어려울 때 나를 떠나간 가짜들 때문에 분노하고 화내고 속상해하면서 그 시간을 다 버린다. 하지만 잘 생각해보면, 걸러져서 많이 보이지 않아서 그렇지, 그때 하나님께서 나의 회복을 이끄실 '진짜'가 있다.

사람들이 내게서 등 돌리고 나를 믿어주지 않을 때도 나를 끝까지 믿어주고, 내 손 잡아주고, 당신을 응원하고, 때로는 그 수많은 돌팔매를 앞에서 대신 맞아주는 그 한 사람이 있다. 그 만남을 통해 하나님은 우리를 회복시키신다.

그러니 속지 말라. 즐거울 때만 어울리는 관계는 별로 좋은 관계가 아니다. 유익한 것이 조금만 없어져도 당신에게서 떠날 사람이다. 떠나간 가짜 때문에 절망하지 말고, 남아 있는 진짜로 인해 희망을 가져라.

나도 인생의 바닥을 칠 때 정말 힘들고 어려웠으나 한 가지 좋은 점은 내 곁에 있는 사람들의 진가가 분명해진다는 거였다. 그때 절망적인 가짜들도 있었지만, 기가 막히게 맞는 진짜와의 만남이 꼭 있었고 그 만남 하나로 위로받고, 다시 희망을 얻고 일어나 오늘까지 올 수 있었다.

고난 중에 당신 곁에 있는 사람을 기억하고 그를 존중하라. 하나님나라의 역사는 사람이 많아야 이루어지는 것이 아니다. 그 '진짜'인 한 사람이면 충분하다.

고난당한 자에게 '진짜'가 되어주어라

미국 리처드 닉슨 대통령의 특별보좌관을 지낸 찰스 콜슨(Charles W. Colson)은 워터게이트 사건에 연루되어 교도소에 수감됐다가 복음을 받아들이고 그 삶이 완전히 바뀌었다.

미국의 대통령을 만들 정도로 똑똑하고 영향력 있고 냉철한 권력자가 하나님을 믿기 쉬웠겠는가? 수많은 사람이 복음을 전하고 회심을 위해 기도했으나, 자신의 지식과 능력, 정치적 자산 등으로 세상을 바꿀 수 있다고 믿었던 그는 하나님을 만날 수도 믿을 수도 없는 사람이었다.

그런 그의 회심에는 감옥에서 읽은 C.S.루이스의 《순전한 기독교》라는 책과 백악관 재직 시절부터 그에게 복음을 전하려 애쓴 세 명의 상원의원이 결정적인 영향을 끼쳤다.

잘나가던 찰스 콜슨이 권력을 잃고 감옥에 갇히자 주변 사람은 떠났지만, 헤트필더, 휴스, 퀴에라는 세 명의 상원의원은 끝까지 그의 곁에 남아 그를 위해 기도회를 주관하고, 시간을 정하여 매일 기도했으며, 번갈아 면회를 와서 복음을 전했다.

그럼에도 분노와 억울함으로 가득했던 그는 계속 거절했는데, 형기가 7개월가량 남았을 때 놀라운 일이 벌어졌다. 다른 사람이 형기를 대신 채울 수 있다는 법조문을 발견한 변호사 출신 퀴에가 콜슨 대신 형기를 채우겠다고 신청한 것이다.

신청은 기각되었으나 퀴에의 노력은 헛되지 않았다. 이 소식을 들은 콜슨이 자신의 명예와 유익만을 위해 살아왔던 과거를 회개하며 복음을 받아들인 것이다. 교만하기 그지없던 그의 자아가 믿는 자들이 값없이 베푼 사랑 앞에 무너져 내렸다.

회심한 콜슨은 자신도 사랑을 베풀겠다고 결심하고, 남은 형기 동안 동료 재소자를 섬기기 위해 미국 교도소에서 가장 고역인 빨래 사역을 시작했다. 사람들은 형량을 낮추고 훗날 정치를 재개할 때 미담을 만들려는 속셈이라며 수군댔으나 콜슨은 자기를 냉대하고 욕하는 재소자들에게 끝까지 헌신했다.

일평생 재소자를 위해서 살겠다고 다짐한 콜슨은 출소 후 '교도소 선교회'(Prison Fellowship)라는 단체를 조직해 죄수에게 복음 전하는 일에 힘썼고, 《거듭나기》, 《백악관에서 감옥까지》 등 많은 책을 저술했다. 그가 복음을 전하는 존재가 되리라고는 누구도 상상하지 못했으나 세 사람이 나누어준 주님의 사랑은 찰스 콜슨을 변화시켰다.

인생은 누가 덜 실패했고 누가 더 실력이 있느냐에 달리지 않았다. 절대 고독의 시간에 누가 내 곁에 있고, 내가 누구를 찾아가느냐가 그 인생을 완전히 바꿀 수 있다. 전부 무너졌을 때, 곁에 있던 이의 영향력으로 그 사람의 인생은 다시 세워지고 완전히 재평가될 수 있다.

당신의 주변에 고난을 겪는 자가 있다면 당신이 그 사람의 '진짜'가 되어, 주님께 받은 사랑과 위로를 조건 없이 나누고 흘려보내라. 그가 강퍅한 마음을 허물고 자기의 하나님을 만날 기회를 얻게 하라.

하나님을 만나야 할 절대 고독의 시간

고난과 고독이 나를 뒤덮을 때 비로소 '진짜'가 발견되는 것은 다른 사람뿐 아니라 자기 자신에 대해서도 그렇다. 잘나갈 때는 인생에서 무엇이 가장 중요한지 잘 모르다가, 병들고 사업이 망하고 쓰러졌을 때 '아, 진짜 소중한 게 돈이 아니었구나'라는 사실을 비로소 깨닫게 된다.

지금껏 추구한 것이 내 목숨을 걸 만큼 가치 있는 게 아니었다는 사실을 깨닫는다면 그때야말로 삶의 방향을 제대로 설정할 수 있게 된다. 그래서 형통할 때보다 고난을 만났을 때 삶의 진정한 가치와 목적을 발견하고 인생의 방향을 알게 되는 경우가 많다.

그러니 고난을 슬픈 일로만 여기지 말고, 내 삶에 섞여 있는 진짜와 가짜를 분별하고, 신앙을 점검하여 가짜 믿음을 걸러내고 진짜 믿음으로 살아보라는 하나님의 선물로 받아들이자.

사실 어지간한 고난과 고독으로는 필터링이 잘되지 않고, 밑바닥을 겪어봐야 관계가 정리된다. 나는 젊은이들에게 누누이 말한다. 살면서 절대 고독을 경험해봐야 하고, '절대 고독'이라고 부를 만한 순간이 인생에 한 번은 반드시 찾아온다고.

고난의 시간에 하나님께 부르짖고 자신의 하나님을 만난다면 사망의 음침한 골짜기를 통과한 일을 훗날 웃으며 추억하고 간증하게 될 것이다. 당신의 두려움이 변하여 기도 되고, 한숨이 변하여 노래 되기를 바란다. 그런데 그렇게 되려면 결국 당신이 선택해야 한다. 하나님만을 나의 하나님으로 분명하게 선택하는 일은 다른 사람이 대신해줄 수 없다.

사람들이 하나님을 믿지 않는 게 아니다. 하나님을 믿는데 하나님'도' 믿는다. 하나님'만' 믿고 그분께 올인하는 게 아니라 여기 저기 양다리를 걸친다.

하나님은 'one of them'(그것들 중의 하나)이 되는 것을 가장 싫어하신다. 그분은 우리를 질투하실 정도로 사랑하시기 때문에 그분이 우리에게 '의지하는 수많은 것 중의 하나'가 되는 관계를 절대로 허락하지 않으신다.

당신에게 강력히 권면한다. 고난 속에서 '모 아니면 도' 아닌가?

가진 게 없다는 것은 잃을 게 없다는 뜻이기도 하다. 어차피 가진 것이 없어서 잃을 것도 없을 때, 탄식하는 대신 하나님께 제대로 올인하자.

가진 것이 없을 때도 하나님께 올인하지 못한다면 풍족해졌을 때 과연 올인할 수 있을까? 하나님밖에 없을 때도 그분께 올인하지 못하는 사람이 많이 갖게 된다고 해서 하나님만 붙들고 살 수 있겠는가?

밑바닥일 때, 사망의 음침한 골짜기일 때가 기회다. 그때 올인하여 하나님을 붙들라. 말로만 하지 말고 진정으로 해보라. 어려움이 있을 때는 '기회구나!'라고 생각하여 그 기회를 붙잡고 충분히 기도하라. 염려하지 말고 감사함으로 기도하라!

고난은 '나의 하나님'으로 모실 절호의 기회

고난과 실패로 절망과 고독의 어둠이 나를 뒤덮을 때, 비로소 참되신 하나님이 보인다. 언젠가 찾아올 당신의 고난 가운데 하나님이 계시길 바란다. 모든 것이 다 없어지고 떠나가면 그때야 하나님의 음성 하나만이 선명하게 남을 것이다.

"내가 너와 함께 있으니, 두려워하지 말아라. 내가 너의 하나님이니, 떨지 말아라…"(사 41:10 새번역).

하나님께서 굳세게 하고, 도와주고, 붙들어줄 그때가 언제인가? 당신이 절망하고 실패해서 주저앉아 울고 있을 때다. 그렇다면 고난이 실패와 손해의 시간만은 아니라는 뜻이다.

나 또한 절대 고독의 시간에 하나님을 만났고 이 말씀을 나의 '인생 말씀'으로 받았다. 하나님은 내 진로가 막혔을 때, 관계가 깨졌을 때, 병들어 죽음의 문턱에 있을 때 등 세상의 기준으로는 실패하고 무너진 것처럼 보이던 깊은 고독의 시간마다 이 말씀을 다양한 통로로 보게 하셨고, 내 인생에 찾아와 나의 하나님이 되어주셨다.

지금은 외국에서 전문직에 종사하고 있는 한 지인 목사님의 딸이 "저는 아빠가 설교 시간에 가르쳐준 하나님은 만나지 못했는데, 어려운 유학 시절에 진짜 나의 하나님을 만났어요"라고 고백했었다고 한다.

한국에 있을 때는 예배를 드리면서도 아빠가 설교하며 말해준 하나님을 만나지 못했는데 그 하나님은 아빠만의 하나님이지 '내 하나님'이 아니었다는 것이다.

그러다 독일에서 공부할 때 인종차별과 언어 문제, 문화 차이로 너무나 외롭고 힘든 시간을 보냈고, 거기다 고시를 준비하면서는 더 힘들어졌다. 고통의 시간에 하나님을 의지하며 부르짖다가 드디어 자신의 하나님을 체험하고 만나게 되었다.

그래서 그 딸은 "그 고난의 시간은 내가 좋은 직장을 얻기 위한 과정으로서 의미 있었던 것이 아니라 '나의 하나님'을 만나서 행복했던 때"라고 말했다고 한다.

자녀가 고난을 겪고 있는가? 그때는 염려할 시간이 아니라 기대와 감사로 하나님께 기도할 시간이다. 걱정하지 말고 감사함으로 기도하자. 하나님께서 우리 아들, 우리 딸의 하나님이 되어 달라고, 우리 자녀가 하나님을 만나게 해달라고….

고난이 어둡고, 억울하고, 초조하고, 너무도 힘든 시간이라는 것은 분명하지만, 잘 통과해서 오늘의 모든 상처가 내일의 간증이 되고 추억이 되면 좋겠다. 그러기 위해서는 고난의 때에 하나님을 만나야 한다.

고난의 시간은 하나님이 우리를 찾아오시고 우리가 그분을 '나의 하나님'으로 모실 절호의 기회다. 능력의 하나님, 도우시는 하나님, 예비하시는 여호와 이레의 하나님을 경험하고, 그분을 나의 하나님으로 결정하고 선택할 기회를 놓치지 말라. 하나님을 나의 구주로 모신 사람이 진정 복된 사람이다.

이러한 백성은 복이 있나니 여호와를 자기 하나님으로 삼는 백성은 복이 있도다 시 144:15

고난은 깊어질 기회다

먹고살기 위해 어쩔 수 없이 이것을 해야 하고, 이것밖에 할 게 없다면 비참할 것이다. 실패는 내가 할 수 있는 것이 줄어들어서 비참해진 상태다.

그런데 이것을 뒤집어서 생각해보자. 내가 선택할 수 있는 것이 적고 그것밖에 할 게 없다면, 그것에 대해 깊어질 기회도 되지 않는가? 그런 면에서 실패는 강력한 시간이 될 수 있다.

교도소에서 재소자가 회심할 수 있는 이유도 거기에 있다. 즐길 놀이나 소일거리가 별로 없고 읽을 책도 제한되다 보니 성경책만 읽고 읽다가 거기서 깊어지는 것이다.

하노이에 선교하러 갔을 때의 일이다. 내가 어디에 갈 때는 읽을 책을 챙겨 가는데, 일정을 보니 계속 설교가 있고 개인 시간이 거의 없어서 그때는 책을 한 권만 가져갔다.

하지만 그 예상은 빗나갔다. 선교 첫날부터 독감에 걸려서 심하게 앓는 바람에 나는 밖으로 나가지도 못하고 호텔 방 안에 종일 머물러 있어야 했다. 그러다 보니 가져간 책을 예상보다 빨리 읽어버렸다. 가방에 책 두 권을 넣었다가 한 권을 도로 뺀 것을 얼마나 후회했는지!

결국 같은 책을 두 번 읽고 공항에서 세 번째로 읽었다. 심지어 그 책은 예전에 이미 읽었던 책이었다. 어쩔 수 없이 이미 읽은 그 책을 가져가 다시 읽고 또 읽는데, 세 번째로 읽을 때 놀라운 일이 일어났다.

이런 말씀이 이 책에 있었던가 싶을 정도로 깊은 말씀이 갑자기 눈에 들어오기 시작하면서 내가 전혀 깨닫지 못하고 묵상하지 못했던 세계가 펼쳐졌다. 그때 얼마나 많이 메모하고 설교 자료를 얻었는지 모른다.

호텔 방에 머물고 있을 때는 TV에서 볼만한 채널이 한국 방송인 YTN 하나뿐이어서 종일 틀어놓았는데, 내 인생에서 뉴스를 그토록 깊이 묵상한 적은 처음인 것 같다. 어찌나 많이 보았던지 그 보도 내용을 완전히 외우다시피 했다.

선택의 여지가 없을 때 오히려 깊어지고, 선택의 폭이 넓으면 가볍고 얕아진다. 많이 알아도 깊지 못한 사람이 많다. 여기저기 발 담그고 분주하게 사는 사람은 똑똑한 것 같아도 심도 있는 묵상과 철학적 사유가 되지 않아서 깊은 경지의 교제에는 초청받기 어렵다.

때로는 강제로라도 내 인생에서 선택의 폭이 좁아질 필요도 있는 것 같다. 좁아져야 깊어질 수 있기 때문이다. '좁아짐'으로 인한 집중이야말로 고난과 실패의 유익이다.

당신은 고난의 시간에 하나님만 바라보고 깊이 묵상하는가? 당신이 중요한 일을 결단하는 자리에 초청받는 사람, 깊음의 경지를 공유할 수 있는 사람이 되었으면 좋겠다. 그러려면 채널이 적어져야 한다. 인생의 채널을 정리하고, 고난의 시간에 깊어져서 고난의 유익을 누릴 수 있기를 축복한다.

성급한 종결 욕구 대신 '진짜'를 붙잡아라

2011년 3월에 대지진과 쓰나미가 발생하고 약 한 달이 지났을 때 일본에 특이한 사회현상이 나타났다. 결혼율이 급증함과 동시에 이혼율도 평소보다 무려 3배나 증가한 것이다.

결혼과 이혼 열풍이 동시에 불어닥친 이 이례적인 풍경을 미국 싱크탱크 연구원인 제이미 홈스 박사는 '종결 욕구'라는 개념으로 설명했다.

미국의 사회심리학자 에어리 쿠르굴란스키가 개념을 처음 제시한 이 '종결 욕구'는 어떤 질문 혹은 문제에 대해 모호함을 피하고 어떠한 답이든 확실한 하나의 답을 빨리 도출하려는 욕구를 말한다. 간단히 말해, 애매모호한 상황을 견디지 못하고 빨리 벗어나려는 본성과 욕망이다.

종결 욕구는 고난과 절망적 상황이 몰아칠 때 특히 강해진다고 한다. 그런 상황에서 사람들은 약간 신뢰하던 대상에게는 과도한 신뢰를 주고, 평소 불신하던 것에 대해서는 더 강한 불신을 보여 확실함을 찾으려고 하기 때문이다.

앞서 언급한 일본의 경우, 연애는 해도 결혼은 주저하던 사람들이 대지진의 큰 위기를 맞자 '저 사람보다 나은 사람은 별로 없을 것 같아'라고 생각하면서 결혼을 서둘렀다. 반대로 헤어질지 말지를 계속 고민하던 사람은 '빨리 끝내버리자!' 하고 속히 이혼을 결정한 것이다.

지난 3년여의 코로나 시기 동안 한국 교회에도 이 종결 효과가 나타난 것 같다. 그 시기가 끝난 후 많은 교회가 공통적으로 하는 말이 있었다. "코로나 때문에 많은 교회의 예배 출석률이 회복되지 못하고 있는데, 희한하게도 예전에 뜨거웠던 사람은 더 뜨거워졌고 미적지근했던 사람들은 다 떨어져 나갔다"라는 것이다.

그런데 한 기독교 방송국 PD도 비슷한 말을 했다. 뜨거웠던 교회는 오히려 더 열정적이고 부흥하게 되었지만, 미지근했던 교회는 열정이 확 식었거나 약해지고 있다고….

고난이 한번 찾아오자, 우리 믿음이 종결 욕구를 가동하고 결판을 내린 것이다. 하나님과 세상 사이에서 머뭇거리던 자는 세상으로 가고, 믿음이 있던 자는 더욱더 확실하게 하나님을 사랑하고 신뢰하게 됨으로써 각자의 상황을 종결한 것이다.

삶에서 고난을 만날 때, 성급한 종결 욕구로 자신의 신뢰와 판단을 아무 데나 쏟지 않기를 바란다. 하나님은 형통할 때도 고난의 때도 우리의 신뢰를 받으시기에 합당하신 분이다.

고난과 아픔은 나의 하나님을 만날 절호의 기회다. 또한 애매한 입장이던 내 신앙이 어느 편에 설 것인지 결단하고, 신앙 가치관을 명확히 드러내는 기회이기도 하다. 절대 고독 속에서 하나님께 올인하여 그분을 "나의 주, 나의 하나님"이라고 고백하고 진정한 예배자가 되는 당신이기를 기대한다.

절망하고 포기하고 싶을 때
견디고 버틴 것이 믿음의 근육이 되어
나를 더 강하게 한다。

PART 2

고난을
끝까지
돌파하라

chapter

7

죽고 싶은 게 아니라
이렇게 살고 싶지 않은 것이다

우리는 그가 만드신 바라 그리스도 예수 안에서 선한 일을
위하여 지으심을 받은 자니 이 일은 하나님이 전에 예비하사
우리로 그 가운데서 행하게 하려 하심이니라

엡 2:10

당신은 가치 있고 아름다운 존재다. 하나님께서 만드신 '명품'이기 때문이다. 당신은 진화론자의 허무맹랑한 주장처럼 우연히 만들어진 결과물이 아니라, 하나님께서 그분의 형상을 따라 생기를 불어넣으신 특별한 창조물이다.

개나 고양이는 죽음 앞에서 그저 본능적으로 발버둥 치지만, 영적 존재인 인간은 영원한 생명을 구한다. 영혼을 가진 유일한 존재로 창조되었기 때문이다.

마귀는 항상 당신 스스로 자신을 볼품없고 쓸모없는 존재로 인식하게 한다. 죽고 싶은 마음과 자신을 파괴하려는 생각은 전부 마귀로부터 비롯되었다. 하지만 하나님은 결단코 당신을 버려두지 않으신다. 그분은 한낱 들풀과도 같고 흔적도 없이 사라질 안개 같은 우리를 늘 귀하다고 말씀하신다.

우리는 그가 만드신 바라 그리스도 예수 안에서 선한 일을 위하여 지으심을 받은 자니 이 일은 하나님이 전에 예비하사 우리로 그 가운데서 행하게 하려 하심이니라 엡 2:10

이 구절에서 "(그가) 만드신 바"의 헬라어 원어인 '포이에마'는 영어로 번역하면 '마스터피스'(masterpiece), 즉 '걸작품'을 뜻한다. 하나님은 인간을 만드실 때 흔한 상품처럼 대충 만드신 것이 아니라 한 사람 한 사람을 명작으로 빚으셨다.

상품과 작품의 차이는 가격을 매길 수 있느냐 없느냐에 있다. 상품은 판매자가 가격을 책정하지만, 작품은 판매자 아닌 구매자가 가격을 정한다. 다시 말해, 작품을 구매하는 소비자가 그 가치를 스스로 정하고 값을 매긴다는 것이다.

전 세계에 70억 명의 인구가 있지만, 하나님은 우리를 상품으로 대하지 않으시고 작품으로 여겨 가치를 매기셨다. 그분이 우리를 사기 위해 지급하신 대가는 바로 예수 그리스도셨다.

하나님은 독생자 아들의 보혈로 대가를 치르셔서 나와 당신을 구원하셨다. 그러니 우리는 인생을 막살아서는 안 된다. 하나님께서 독생자 예수 그리스도의 피로 우리를 사셨는데, 함부로 살아서야 되겠는가?

내 인생을 가치 있게 살아야 하는 이유

제2차 세계 대전의 노르망디 상륙 작전을 배경으로 한 영화 〈라이언 일병 구하기〉는 한 생명의 가치에 관해 묵직한 질문을 던진다.

2차 대전 당시 전사자 통보 업무를 진행하던 미 행정부는 라이언 가에서 4형제가 참전했는데 3명이 전사하고 막내 제임스 라이언 일병은 실종됐다는 충격적인 사실을 알게 된다.

미군 총사령부는 라이언 일병을 찾아 집으로 돌려보내기로 하고, 이에 따라 밀러 대위를 포함한 8명의 특공대가 얼굴도 모르는 라이언을 살리려 최전선으로 투입된다.

8명은 그를 구하기 위해 위험을 감수하며 차례로 전사하고, 천신만고 끝에 찾아낸 라이언 일병은 고뇌한다. '대체 내가 누구이기에 나 한 사람을 살리려고 여덟이나 되는 목숨이 희생되어야 했는가.'

그런 그에게 밀러 대위는 숨을 거두며 말한다.

"Earn this, Earn it."

8명의 생명과 맞바꾼 인생이니 그 몫까지 값지게 살라는 뜻이었다. 수십 년의 세월이 흐른 후, 백발의 노인이 된 라이언은 국립묘지를 찾으며 인생을 되돌아본다. 자신이 잘 살았는지를 묻자 아내는 그렇다고 대답했다.

자신을 살리기 위해 희생된 목숨에 무한한 책임감을 느끼며 값진 인생을 살고자 몸부림친 라이언처럼, 우리도 값진 인생을 살아야 한다. 나를 살리시려 온몸이 찢기고 그 피를 십자가에 쏟아내신 예수님의 희생이 있었기 때문이다. 그 보혈로 구원받은 존재가 우리, 성도다.

당신은 지금 어떤 인생을 살고 있는가. 구원받은 성도의 삶인가? 하나님의 은혜에 의하여 믿음으로 얻은 선물이 바로 구원이다. 그분은 당신을 위해 기꺼이 독생자 아들을 대가로 지불하셨고, 그 결과로 예수님이 십자가에 달리셨다.

그런데 사람들은 이것을 당연시하는 경향이 있다. 온 인류의 구원을 위해 예수님이 죽으실 만했다고 생각하는 것이다. 하나님은 온 인류가 아니라 이 세상에 단 한 사람, 당신 혼자만 살고 있었다 해도, 기꺼이 당신 한 사람을 위해 독생자 예수님을 대가로 치르셨을 것이다. 당신을 진정 사랑하시기 때문이다.

우리가 잘나서가 아니다. 우리는 구원과 상관없고 아무 가치도 없는 인생이었지만, 예수 그리스도의 피로 인해 하나님의 백성이 되고 구원받은 자로서 걸작품 인생을 살게 되었다.

그 때에 너희는 그리스도 밖에 있었고 이스라엘 나라 밖의 사람이라 약속의 언약들에 대하여는 외인이요 세상에서 소망이 없고 하나님도 없는 자이더니 이제는 전에 멀리 있던 너희가 그리스도 예수 안에서 그리스도의 피로 가까워졌느니라 엡 2:12,13

나를 보증하는 예수님의 보혈

거제도에서 목회하시는 한 목사님이 예전에 형님에게 들으셨다는 이야기다. 그 목사님의 형님은 골동품협회 회장을 역임했고 KBS-TV 프로그램 〈진품명품〉의 감정사로 나갈 만큼 골동품에 식견이 깊은 분이다.

한번은 어떤 할머니가 오래된 가보를 보자기에 싸 오셨다. 값어치 있는 물건이 있을까 하여 조심스럽게 보자기를 풀어보았지만, 가치 있는 물건은 하나도 없었다. 그런데 정작 그것들을 싸 온 보자기가 조선 시대의 귀한 물건이었다고 한다.

우리 인생이 그렇다. 나 자신이 대단하고 값어치 있는 게 아니라, 내 인생을 싸고 계신 예수님의 보혈이 귀하다. 우리는 썩어질 구습을 따라 살아가는 허망한 인생이었으나, 예수 그리스도의 보혈로 인하여 존귀한 존재가 되었다. 그러므로 인생을 가치 있게 살아야 한다.

그런즉 누구든지 그리스도 안에 있으면 새로운 피조물이라 이전 것은 지나갔으니 보라 새것이 되었도다 고후 5:17

세간을 떠들썩하게 했던, 일명 '빠다'(PPADA)라는 사건이 있다. 한 남성이 백화점의 명품관에서 프라다 가방을 사서 아내에게 선물했는데, 아내는 자기에게 '짝퉁'을 선물했다며 화를 냈다. 억울했던 남편이 뒤늦게 프라다 가방의 로고를 살펴보니, 정말로 'PRADA' 대신 'PPADA'라고 되어있는 게 아닌가. 그뿐만 아니라 가방의 고리에도 스크래치가 가득했다.

그렇다면 명품관에서 구입한 이 가방은 가짜일까? 백화점에 가져가서 교환해달라고 하면 교환할 수 있을까? 아니면 거절당할까? 로고가 잘못 붙고 스크래치가 생겼다고 해도, 이 가방은 명품으로 인정받는다. 보증서가 있기 때문이다.

가짜는 아무리 자기 스스로 '프라다'라고 우겨도 백화점에 들어가지 못하지만, '빠다'라고 로고가 잘못되고 흠집이 잔뜩 났더라도 보증서가 있다면 백화점에서 수선할 수 있다.

당신에게도 보증서가 있다. 바로 예수 그리스도의 보혈이다. 예수님의 보혈이 당신의 존재와 가치를 보증한다. 당신의 인생에 스크래치가 많은가? 로고가 잘못 붙여졌는가? 하나님께서 반드시 바꿔주신다. 세상 사람들이 당신의 인생을 '빠다'라고 읽어도 당신은 '프라다'가 분명하다. 가품처럼 보여도, 당신은 틀림없이 하나님나라의 백성이다.

그 사실을 잊지 말고 명품답게 멋지고 당당하게 살라. 그리고 잊지 말라. 다시 한번 강조한다. 당신은 죽고 싶은 것이 아니다. 이렇게 살고 싶지 않았던 것뿐이다. 이제는 변화의 삶을 살라. 마귀의 거짓말에 속지 말라!

하나님의 건설적 파괴

이 세상의 모든 피조물은 질서에서 무질서로 흘러간다. 완전에서 불완전으로, 생명에서 죽음으로, 새것에서 헌 것으로 흐르는데, 이는 하나님이 세우신 우주의 섭리인 엔트로피(Entropy) 법칙이다. 우리 인생도 본질은 걸작품이 분명하지만, 방치하면 불완전해지고 무질서로 흘러갈 수밖에 없다. 질서대로 흐르지 않고 정체되어 있으면 죄가 틈을 타고, 죄악에 삼켜진 인생은 결국 무너져버린다.

때로 형편없는 인생과 쳐다보기도 싫은 내 모습을 마주하기도 한다. 죄악으로 무너져가는 인생이 허망하게 느껴지고, 거듭된 실패로 미래의 가능성이 보이지 않을 그때는 절망하여 다 포기하고 전부 끝내버리고 싶다.

그러나 그때는 창조주이신 하나님의 손길로 건설적인 재탄생이 이루어질 절호의 기회다. 내 삶을 토기장이 되신 하나님께 맡기면 주님은 그 인생을 고치시고 다시 빚어주신다. 완전히 허물어서라도 멋진 작품으로 만드신다.

"내 인생은 끝났어, 난 안 돼"라고 포기하는 것은 하나님의 뜻이 아니다. 다시 회복하고 시작하는 것이 그분의 뜻이다. 죄에 빠져서 하나님과 등 돌리고 살아가는 삶이어도 하나님은 우리를 버리지 않으신다.

진흙으로 만든 그릇이 토기장이의 손에서 터지매 그가 그것으로 자기 의견에 좋은 대로 다른 그릇을 만들더라 … 여호와의 말씀이니라 이스라엘 족속아 이 토기장이가 하는 것같이 내가 능히 너희에게 행하지 못하겠느냐 이스라엘 족속아 진흙이 토기장이의 손에 있음같이 너희가 내 손에 있느니라 **렘 18:4,6**

때로는 우리를 뭉개시는 하나님의 손길이 아프게 느껴진다. 그러나 심판처럼 보이는 아픔의 순간에도 우리를 포기하지 못하시는 하나님의 사랑이 내재해있다. 망가진 인생을 다시 한번 빚으시려는 하나님의 창조적인 파괴이기 때문이다.

그분의 손길이 없다면, 우리는 분명히 죄악과 무질서 속에서 제멋대로 살아갈 것이다. 내 뜻을 성취하기 위해서만 하나님을 찾으며, 변질된 신앙으로 우상숭배를 일삼을 것이다.

자신의 유익과 만족을 위해서 신앙생활을 하는 인생은 틀림없이 불완전과 무질서로 이르게 된다. 내 주권과 자아가 여전히 살아 있다면, 볼품없는 그릇이 될 수밖에 없다.

하지만 하나님은 훼손된 인생을 방조하지 않으시고 진흙을 다시 뭉개어, 가장 멋진 그릇으로 빚어주신다. 그분의 손에 맡겨진 내 인생이 얼마나 존귀하게 될지 기대되지 않는가?

당신의 훼손된 인생을 하나님께서 다시 빚어주시길 원한다면, 예배와 말씀 가운데로 나와야 한다. 내 모든 생각과 삶을 하나님께 맡길 수 있는가? 진흙인 내가 토기장이 되신 하나님께 내 인생을 송두리째 맡길 수 있는가? 그분의 손에 당신의 삶을 온전히 맡겨드릴 때, 그 인생은 재탄생하고 작품이 된다.

하나님의 손에 붙들리면 작품이 된다

금이 제련되기 위해 도가니로 들어갈 때 얼마나 뜨겁고 고통스럽겠는가? 하지만 그때 타고 있는 것은 금 자체가 아니라, 금 속에 들어있던 불순물이다. 오히려 제련할수록 더욱 순도 높은 금으로 완성된다.

인생과 신앙도 연단과 제련이 필요하므로 하나님이 나를 재탄생시키실 수 있도록 내 인생의 주도권을 완전히 드려야 한다. 그분이 내 삶을 통치하실 때 가장 아름답고 멋진 인생이 될 수 있고, 또한 그것이 제일 빠른 지름길이다.

신앙의 단련이 없는 사람은 자신이 원하는 것만 추구한다. 자신이 세상의 대세와 유행을 선도한다고 착각하지만, 시간이 지날수록 더욱 허망해질 뿐이다.

나도 내 나름대로는 똑똑하다고 생각했고 열심히 살았다고 자부했다. 살면서 누구에게도 져본 적이 없었고, 나 스스로 잘될 수 있다고 자신만만했다. 하지만 내가 완벽한 삶을 추구하는 것과는 반대로 내 인생은 계속 허물어지고 미끄러졌다.

결국, 내 한계와 부족함을 인정한 순간부터 나의 인생이 달라지기 시작했다. 자신의 한계를 빨리 발견하는 것이 오히려 유익하다. 하나님의 손에 붙들리면, 보잘것없던 인생도 멋진 걸작품이 되기 때문이다.

현대 미술의 거장 파블로 피카소의 예술성과 독창성이 잘 드러난 것으로 평가받는 작품 〈황소 머리〉는 그 재료가 버려진 자전거의 안장이다. 여기에 핸들을 뿔처럼 끼워서 황소의 머리로 형상화한 것이다. 볼품없는 쓰레기가 피카소의 손에 붙들리니 멋진 작품으로 재탄생되었다.

'현대 미술의 아버지'로 불리는 마르셀 뒤샹의 작품 〈샘〉은 100억 원을 호가하지만, 시중에서 구입한 평범한 남자 소변기로 만들어졌다.

나는 두 예술가의 작품을 보면서 '우리 인생이 저렇구나!' 하고 깨달았다. 아무것도 아닌 인생도 하나님의 손에 붙들리면 놀랄 만큼 아름답게 사용되기 때문이다. 쓰레기 더미처럼 버려진 채로 흩어져 있으면 고물상이지만, 그리스도 안에서 함께 모여 하나님께 쓰임 받으면 귀한 보물 창고가 된다.

우리도 하나님의 창조적인 파괴를 통해 새사람으로 거듭나야 한다. 그리스도의 진리가 내 안에 있으면 완전히 새로워질 수 있지만, 내 안에 진리의 말씀과 하나님의 영이 역사하지 않는다면 썩어갈 구습과 악한 죄에 이끌릴 수밖에 없다.

내 삶이 변화하지 않는다는 것은 무척 심각한 일이다. 내가 진리 안에 있지 않다는 가장 큰 증거이기 때문이다. 주님께 당신의 삶을 내어드리라. 생각을 내어드리고, 결정과 선택의 주도권을 주님께 드려보라. 하나님께서 마음껏 빚으실 것이다.

진리가 예수 안에 있는 것같이 너희가 참으로 그에게서 듣고 또한 그 안에서 가르침을 받았을진대 너희는 유혹의 욕심을 따라 썩어져 가는 구습을 따르는 옛 사람을 벗어 버리고 오직 너희의 심령이 새롭게 되어 하나님을 따라 의와 진리의 거룩함으로 지으심을 받은 새 사람을 입으라 엡 4:21-24

사명을 발견한 인생은 걸작품으로 변화된다

하는 일마다 뜻대로 되지 않아 방황하고 있던 숀 로버트 홉우드(Shon Robert Hopwood)는 1997년 어느 날, TV에서 은행 강도의 이야기를 다룬 영화 〈내일을 향해 쏴라〉를 보고는 은행 강도를 모방해 다섯 번이나 범죄를 저질렀다.

징역 12년을 선고받고 피킨 연방 교도소에 수감된 숀은 교도소 내 도서관에서 노역하다가 우연히 판례집(법원의 판례를 모아 기록한 책) 한 권을 읽게 되었는데, 뜻밖에도 큰 흥미를 느껴 몇 년 동안 4천여 권의 판례집을 읽었다.

어느 날 동료 재소자인 존 펠러가 법원에 제출할 상고 이유서를 대신 써달라고 그에게 부탁해왔다. 마약상에게 이용당해 억울하게 수감된 존은 최종 판결 전에 마지막으로 상고심을 받아보길 원했는데 상고심을 신청하려면 제출한 상고 이유서가 연방대법원에 채택되어야만 했다.

매년 미국 연방대법원으로 보내지는 1만여 건의 상고 이유서 중 고작 100건 정도만 받아들여질 정도로 채택률은 매우 낮았다. 그러나 변호사를 구하지 못한 동료의 사정을 외면할 수 없었던 손은 상고 이유서를 작성해주었는데 놀랍게도 그의 상고 이유서가 연방대법원에 채택되었다.

당시 존의 변호를 맡은 변호사는 그 상고 이유서에 대해 "내가 본 최고의 상고 이유서"였다며 손에게 공동 변론을 제안했고, 손이 재소자 신분으로 존을 변론한 상고심의 결과는 대성공으로, 존은 무려 8년이나 감형되었다.

그 후로 손은 많은 동료 재소자가 감형받도록 상고 이유서를 작성해주었고, 출소 후에는 워싱턴 로스쿨에 입학해 법학을 공부하고 정식으로 변호사 자격증을 취득한 후 전문 변호사로서 다시금 법정에 서게 되었다.

뜻대로 되지 않는 망가진 인생일지라도 사명을 발견한 순간, 그 인생은 걸작품으로 변화된다.

우리는 그가 만드신 바라 그리스도 예수 안에서 선한 일을 위하여 지으심을 받은 자니 이 일은 하나님이 전에 예비하사 우리로 그 가운데서 행하게 하려 하

우리가 예수 안에서 선하신 일을 위하여 지으심을 받았다는 것은 하나님께서 그분의 선한 목적으로 우리를 지으셨다는 뜻이다. 기독교는 이를 소명 또는 사명, 비전이라고 부른다.

우리 인생에서 가장 멋지고 행복할 때는 하나님의 지으신 목적대로 살아갈 때다. 성도는 사명 가운데 있을 때 가장 아름답다. 사명 가운데 살아가고 싶은가? 그렇다면 하나님의 뜻대로 살아가라. 오직 하나님의 뜻대로 살아갈 때 가장 존귀하고 가치 있는 인생이 된다.

당신은 혼자가 아니다

교회를 건축할 당시 나는 나를 속이고 기만한 이들에게 심한 배신감과 실망감을 느껴 목회를 그만두려 했고, 우울감에 깊이 빠져서 나도 모르게 '죽고 싶다'라는 내면의 목소리에 귀를 기울이고 있었다. 강단에서는 희망을 주제로 설교했지만, 정작 나 자신은 죽어가고 있었다.

그러다 문득 '난 지금 죽고 싶은 게 아니다. 이렇게 살고 싶지 않았을 뿐'이라는 사실을 깨달았다. 깨달음을 얻은 후부터 나는 변화하기 시작했다. 내 마음을 지키고 진리를 선포했다. 하나님이 주시는 생각이 아닌 것과 타협하지 않았고 그분께 인정받는 것으로 만족했다. 그때부터 내 인생이 놀라울 정도로 크게 바뀌었다.

마귀의 음성에 절대로 속아서는 안 된다. 당신은 죽고 싶은 것이 아니다. 단지 이렇게 살기 싫은 것뿐이다. 부정적이고 비관하는 마음으로 당신 스스로를 속여서는 안 된다. 죽고 싶다고 착각해서는 안 된다. 이렇게 살기 싫었을 뿐이다. 그러니 상황에 흔들리지 말고 마음을 잘 지켜내길 부탁한다.

> 모든 지킬 만한 것 중에 더욱 네 마음을 지키라 생명의 근원이 이에서 남이니라
> 잠 4:23

사람이 상황과 형편 때문에 무너지는 것이 아니다. 내 가치와 존귀함을 모르고 함부로 살아갈 때 인생은 무너진다. 우리의 본질이 '그리스도인'이라는 사실을 결코 잊어서는 안 되며, 하나님의 걸작품답게 품격과 품위를 지켜야 한다.

하나님이 주신 사명이 있다면 자신의 상황과 처지와 상관없이 행복할 수 있다. 하나님의 부르심 하나면 충분하다. 그분의 뜻과 목적대로 살아간다면 영적인 불균형은 일어나지 않는다.

삶이 힘들고 어려워서 눈앞이 캄캄하고 나 혼자 있는 것처럼 느껴져도, 당신은 혼자가 아니다. 누군가가 당신을 위해서 기도하

고 있다. 성령님이 당신을 위해 끊임없이 중보하고 계신다. 이 사실을 결단코 잊지 말라.

인생을 역전시키면 되는데 왜 포기와 절망 속에서 낙심하고 있는가? 하나님께서 빚으시도록 당신의 삶을 내어드려라. 당신에게 깨어진 아픔이 있을지라도 주님이 고쳐주실 것이다. 성도의 정체성을 확인시켜주시고 회복하게 하실 것이다.

깨어지는 아픔이 있을지라도, 그분이 원하시는 모습대로 나를 빚으시도록 온전히 신뢰하라. 명품답게 멋진 모습으로 하나님의 사명을 붙들고 아름답게 빚어지는 삶으로 회복되어 변화의 삶을 살아가라!

하나님의 쉼표를
함부로 마침표로 바꾸지 말라

회당장의 집에 함께 가사 떠드는 것과 사람들이 울며 심히
통곡함을 보시고 들어가서 그들에게 이르시되 너희가 어찌하여
떠들며 우느냐 이 아이가 죽은 것이 아니라 잔다 하시니

막 5 : 38,39

끝난 것 같았던 인생 노년에 역전해서 KFC(켄터키 프라이드치킨) 왕국을 건설한 창업자 할랜드 데이비드 샌더스는 자신이 무척 교만한 사람이었다고 고백했다. 성급하고 과격한 성격 때문에 싸움이 붙어 사업이 틀어진 적도 많았다고 한다.

운영하던 주유소는 대공황 시기에 문을 닫게 되었고, 다시 식당과 레스토랑으로 일어나는가 싶었으나 그의 나이 65세에 큰 화재로 잿더미밖에 남지 않았다. 아들을 잃고 아내마저 그를 버리고 떠나자 그는 우울감과 정신적 공황을 앓게 되었다.

환갑이 넘어 여생을 즐길 나이에 비참하고 초라한 모습으로 전락한 그는 삶을 포기하고 싶었다. 그러다 우연히 들어온 어느 예배당에서 한 여인이 부르는 찬송가를 듣고 마음이 뜨거워졌다.

"너 근심 걱정 말아라 주 너를 지키리"

그는 하염없이 눈물을 흘리며 교만하게 살았던 지난날을 회개하고 하나님 앞에 복종하기로 결단했다.

그때 그에게 남은 것은 105달러의 사회보장기금과 낡은 트럭한 대, 양복 두 벌뿐이었다. 누가 봐도 절망적인 상황이었지만, 하나님을 만나고 다시 일어선 그는 새로운 인생에 도전했다. 식

당을 운영할 때 인기 있었던 후라이드 치킨의 특제 양념통을 들고 전국을 돌았다.

그가 자신을 낮추자, 하나님이 그를 높여주셨다. 숱한 거절 끝에 유타주 솔트레이크에 그의 닭고기 레시피를 판매했고, 마침내 1호점이 세워지면서 KFC 왕국이 시작된 것이다.

역전과 회복은 절망 가운데서 하나님을 만남으로써 시작된다. 고난과 절망의 아픔이 하나님만 향하는 집중으로 승화되고 하나님과의 관계가 회복될 때 삶의 문제가 풀리고 열리는 축복을 누릴 수 있다.

절망의 선언은 하나님의 주권

경기는 끝날 때까지 끝난 게 아니다. 그렇다면 경기가 끝나는 것은 언제일까? 경기의 심판이 종료 휘슬을 불었을 때다. 그 경기만큼은 심판에게 전권이 있으므로, 심판이 휘슬을 불기 전에는 누구도 그 경기가 끝났다고 선언할 수 없다.

대통령이 관중석에서 더 크고 힘차게 호루라기를 분다고 해도 그 경기는 끝나지 않는다. 시간이 다 된 것 같아도 심판이 경기 종료를 선언하기 전까지 선수는 계속 뛰어야만 한다.

올림픽이나 월드컵 대회를 성황리에 마치고 폐회식도 끝나갈지라도, 개최국의 대통령이나 국무총리가 나와서 "이제 폐회를 선언

합니다!"라고 외치기 전까지 그 대회는 폐회된 게 아니다. 그 선언은 다른 어떤 사람이 대신할 수 없다.

예배는 주의 종인 목사가 축도를 마쳐야 끝난다. 시장, 도지사가 와 있어도 "내 권한으로 오늘 예배는 여기까지"라고 말할 수 없다. 성도들도 마찬가지다. 마지막 어느 순간에 어떤 은혜가 임할지 모르는데 자기 임의로 예배를 끝마치고 예배당 문을 나서지 말라.

폐회를 선포하기 전, 심판이 휘슬을 불기 전, 목사가 축도하기 전, 우리는 스스로 그것을 끝낼 권한이 없다. 여기에 고난과 절망에 관련된 중요한 첫 번째 메시지가 있다. 절망은 하나님만이 선언하실 수 있는 영역이며 절망의 선언은 하나님의 주권이라는 것이다.

우리의 실수 중 하나는 조금만 고난이 찾아오고 절망스러우면 하나님께서 그분의 권한으로 "끝"이라고 하시기 전에 "아, 우리 가정 끝났다", "내 자식 이제 끝났다", "내 인생 끝장났다"라고 자기 스스로 절망하며 마침표를 찍는 것이다.

누가 끝이라는 것인가? 하나님이 끝이라고 하시기 전까지는 끝이 아니다. 우리의 절망은 하나님의 권한이다. 우리에게는 스스로 절망할 권리가 없다. 스스로 절망하고 스스로 뭔가를 포기하고 끝낸다는 것은 엄청난 교만이다.

"끝났어. 포기해"라는 소리가 들리는가? "네 꼴을 봐. 사람들이

하는 얘기 못 들었어? 이제 그만해도 돼. 그게 하나님을 위한 것이고, 네가 사랑하는 사람들을 위한 길이야"라고 속삭이는 음성이 들리는가?

속지 말라. 마귀의 음성이다. 절대로 듣지도 말고, 마음을 열지도 말라. 우리 하나님의 음성은 언제나 살라는 것이고, 버티고 견디라는 것이다.

하나님은 탕자의 아버지 같은 마음으로 우리에게 피투성이라도 살아 있으라고, 실패자의 모습이어도 좋으니 하나님께 돌아오라고 간절히 말씀하신다.

내가 네 곁으로 지나갈 때에 네가 피투성이가 되어 발짓하는 것을 보고 네게 이르기를 너는 피투성이라도 살아 있으라 다시 이르기를 너는 피투성이라도 살아 있으라 하고 겔 16:6

끝나지 않았다, 조금 더 버텨라

하나님께서 우리 인생에 '쉼표'를 넣은 자리에 함부로 '마침표'를 찍으려는 것은 교만이다. 하나님께서 "절망하라" 하셨으면 절망해야 하지만, 그분이 말씀하신 게 아니라면 절망해서는 안 된다. 그저 잠시 쉼표일 뿐이니.

어떤 목사님이 나에게 상담을 요청해 "완전히 끝난 것 같아요.

저는 이제 목회를 못 할 것 같아요"라고 하시기에 나는 그 목사님에게 이렇게 대답했다.

"그거 교만입니다. 누가 끝이래요? 그 끝은 하나님이 정하시는 겁니다. 끝까지 버텨보세요. 그 결과가 똑같을 수도 있고 목회를 못 하게 될 수도 있지만, 끝까지 가다 보면 '아, 여기였구나'라고 생각되는 지점이 반드시 나옵니다."

목사님은 그 지점을 만난 것은 아니고 상황 때문에 그렇다고 하셨다. 그래서 내가 다시 말씀드렸다.

"아닙니다. 저에게 상담을 요청하는 것 자체가 끝이 아니라는 증거입니다. 끝까지 걸으면 언젠가 '아, 여기를 말하는 거였구나'라고 느낄 수 있는 큰 나무를 만날 텐데 그때 거기 앉아서 쉬는 겁니다. 그때까지 목사님이 할 일은 그저 걸어가는 것입니다. 하나님께서 멈추라고 마침표를 찍으시기 전까지는 계속 견디고 버티면서 걸어가셔야 합니다."

믿음은 결국 버티는 것이다. 어려운 상황과 처지로 주저앉고 싶어도 포기하지 않고 버텨내는 것이 바로 믿음이다.

"… 의인은 그의 믿음으로 말미암아 살리라"(합 2:4)에서 '믿음'으로 번역된 히브리어 단어 '에무나'(확고함, 안전, 신뢰성)가 출애굽기 17장에서 '견디다, 버티다'라는 뜻으로 사용되었다는 것을 아는가?

여호수아가 아말렉 족속과 싸울 때 모세는 두 팔을 들어서 기도했다. 그 팔이 올라가면 이스라엘이 승리했고 내려가면 아말렉이 이겼다. 그럴 때 아론과 훌이 양쪽에서 모세의 팔을 잡아주어, 그의 팔이 내려가지 않고 버틸 수 있었다.

> 여호수아가 모세의 말대로 행하여 아말렉과 싸우고 모세와 아론과 훌은 산꼭대기에 올라가서 모세가 손을 들면 이스라엘이 이기고 손을 내리면 아말렉이 이기더니 모세의 팔이 피곤하매 그들이 돌을 가져다가 모세의 아래에 놓아 그가 그 위에 앉게 하고 아론과 훌이 한 사람은 이쪽에서, 한 사람은 저쪽에서 모세의 손을 붙들어 올렸더니 그 손이 해가 지도록 내려오지 아니한지라
>
> 출 17:10-12

"그 손이 해가 지도록 '내려오지 아니한지라'", 즉 내려오지 않고 버티더라는 구절에 사용된 단어가 바로 '에무나'다. '믿음'과 여기에서 등장하는 '버티다'가 동일한 단어라는 사실이 놀랍지 않은가? 당신의 자리에서 버티고 견뎌내는 것이 하나님께서 당신에게 원하시는 믿음이다.

잠시 멈추고 하나님께 집중하라

아무리 절망스러워도 고난은 끝내라는 마침표가 아니라 잠시 쉬라는 쉼표이고 분주한 삶을 잠시 멈추라는 '잠시 멈춤'의 명령이

다. 그 말은 주야장천 쉬라는 의미가 아니다. 분주한 삶을 잠시 멈추고 한숨 고르면서, 그간 너무 바쁘게 사느라 분산됐던 내 마음과 시선을 하나님께 돌이켜 다시 집중하자는 것이다.

절망은 어두운 시기다. 우리는 어둠을 두려워한다. 하지만 사실 절망은 공포보다는 집중의 시간이다. 극장에서 영화 상영 전에 조명을 끄는 것은 '몰입' 때문이다. 옆에서 꽁냥꽁냥 연애하는 커플도, 무례하게 발 올리고 우적우적 팝콘 먹는 옆자리 관객도 보지 말고 영화에만 집중하게 하려는 배려다.

어두운 절망의 시간은 하나님의 실수와 실패가 아니다. 하나님이 나와 내 가정을 버리셨다는 뜻도, 너는 자격 미달이라는 실격의 선언도 아니다. "너는 왜 이렇게 분주하고 복잡하니? 다른 데 쳐다보지 말고 나를 보렴. 내게 집중해"라고 하시는 하나님의 간절한 음성이자 프러포즈다.

C.S.루이스는 "고난은 나를 향하신 하나님의 확성기"라고 말했다. 평탄하고 형통할 때는 하나님의 음성이 들리지 않고 그런 가운데 우리는 내 힘으로 뭔가를 할 수 있는 것처럼 착각하며 내 생각대로 교만하게 살아간다.

그럴 때 하나님은 '고난'이라는 확성기를 사용하여 "정신 차려! 너는 내 거야! 너는 내 백성이야! 너의 통치자와 주권자는 나 하나님이야!"라고 말씀하시며 우리를 이끌고 일깨워주신다.

그러므로 고난에 드리우는 절망의 어둠은 바쁘고 복잡하게 사느라 놓치고 있던 소중한 신앙의 가치와 믿음의 기준을 다시금 회복하고 세울 수 있도록 허락하신 '두 번째 기회'이며, 새로운 삶을 여는 서막이다.

성경을 연구해보면 고난은 늘 하나님을 만나는 기회였고, 하나님나라와 그 뜻을 이루어가는 위대한 시작이며 통로였다. 그렇기에 하나님께서 그분의 뜻을 이루어가실 때면 대개 고난의 팡파르와 함께 서막이 올랐다.

430년간 종노릇을 해온 애굽에서 탈출하는 것은 불가능에 가까운 일이었다. 이스라엘 백성의 외교력과 군사력으로는 도저히 이룰 수 없었던 일이 오직 하나님의 능력과 섭리로 실현되었다. 그 위대한 출애굽의 서사를 담은 출애굽기는 '영아 살해'라는 참혹하고 가장 절망적인 상황으로 시작되었다.

다윗 왕국을 세우는 사무엘서는 '한나'라는 한 여인의 절박한 고난과 괴로움으로 시작한다. 상황적으로, 인간적으로, 개인적으로는 너무나도 피하고 싶은 고난이었지만, 그 여인의 괴로움과 기도는 하나님나라와 그 역사를 여는 팡파르였다.

예수님의 고난은 피하고 싶을 정도로 고통스러웠다. 하지만 이를 온전히 감당하신 예수님은 온 인류에게 부활의 첫 열매가 되시고 영생의 소망을 선물하셨다.

어둠은 영혼의 숨을 고를 시간

내가 다른 교회로 집회하러 가서 새벽기도회 시간에 말씀을 전하고 나면 종종 당혹스러운 일을 겪는다. 말씀을 마치고 기도 시간이 되자마자 본당의 불을 일시에 다 꺼버리는 것이다.

그들은 자기 교회니까 익숙하고 잘 알겠지만, 나는 처음 온 교회라 갑자기 깜깜해지면 무척 당황스럽다. 아무것도 안 보이는 채로 높은 강대상을 내려오다가 발을 헛디뎌서 발목을 다치기도 여러 번이었다.

우리 인생에도 이처럼 불현듯 찾아오는 어둠이 있다. 그때는 막막하고 앞이 보이지 않는다. 깜깜해서 어디로 가야 할지 모르고, 두려움 속에서 내리막길을 걷다가 다치거나 상처를 입기도 한다.

그런데 이렇듯 아무것도 안 보이고 끝난 것처럼 보여 당황스러운 순간을 여러 번 경험하면서 내게 노하우가 생겼다. 깜깜한 상황에 허둥대면서 강대상 아래로 내려가려고 애쓰지 않고, 잠깐 멈춘다. 그저 잠시 멈추고 숨을 고르면서 가만히 10초에서 20초 정도만 서 있으면 된다.

아무 빛도 없이 완전히 깜깜한 줄만 알았는데, 잠시만 가만히 서 있으면 적응이 돼서 마치 기적처럼 갑자기 주변이 다 보인다. 그때 문득 깨달았다. 우리 인생도 마찬가지라는 것을!

앞이 깜깜해지면 비로소 그때가 쉼표다. 인생도, 신앙도 다 그렇다. 그때는 성급하게 서둘러 뭔가를 하려고 하는 대신, 분주하고 조급한 마음을 잠시 멈추고 영혼의 숨을 고르면 된다.

잠시 엎드려 눈을 감고 기도하며 매달리는 시간을 갖자. 그러는 동안, 깜깜한 밤처럼 어둡기만 하던 내 인생이 서서히 눈에 들어오며 갈 길과 계단이 보이기 시작한다. 그러니 영혼의 숨을 고르며 잠시 쉬고, 다시 한번 하나님께서 원하시는 그 길을 걸어가면 좋겠다.

우리는 하나님께서 인내의 시간이라 부르시는 그때를 절망이라고 함부로 부르는 실수를 범한다. 나는 절망이라고 하는데 하나님은 소망이라고 하시고, 내가 끝났다고 해도 하나님은 시작이라고 하시며, 나는 실패라고 하지만 하나님은 그분의 뜻이 이루어졌다고 하신다.

깜깜하니까 끝났다고 주저앉는 것도 실패고, 조급한 마음으로 급히 움직이는 것도 실패다. 잊지 말라. 잠깐의 쉼표일 뿐이다. 하나님께서 쉼표를 적어넣은 시간에 함부로 마침표를 찍거나 억지로 움직이지 말라.

잠깐 쉬고, 하나님께서 원하시는 그 길을 다시 한번 걸어가면 된다. 그때를 기다릴 줄 아는 성숙함과 여유가 이 글을 통하여 당신에게 영혼의 숨처럼 공급되기를 바란다. 자, 잠시 책에서 눈을 떼고 숨을 한번 크게 쉬어보라.

죽음도 끝이 아니다

고난과 절망에 관해 꼭 전하고 싶은 또 하나의 메시지는 죽음은 끝이 아니라는 것이다. 너무나 많은 사람이 '죽으면 끝난다'라고 오해한다. 아니다. 죽어도 끝나지 않는 영생이 있고 영벌이 있음을 반드시 기억해야 한다.

성경은 "의인은 죽음에도 소망이 있다"(잠 14:32)라고 분명하게 말씀한다. 기독교는 희망과 부활의 신앙이다. 죽어서 사는 것, 이것이 바로 기독교의 부활 신앙이다. 그리스도인은 죽기 위해 살아가는 것이 아니라 부활하기 위해 죽으며, 죽어도 사는 존재다.

끝난 것 같은데 살고, 절망해야 할 것 같은데 소망이 싹트는 것이 기독교 신앙이며, 이 믿음이 '의'다. 아브라함은 이 의로 말미암아 하나님께 칭찬받았다.

아브라함이 바랄 수 없는 중에 바라고 믿었으니 이는 네 후손이 이같으리라 하신 말씀대로 많은 민족의 조상이 되게 하려 하심이라 그가 백 세나 되어 자기 몸이 죽은 것 같고 사라의 태가 죽은 것 같음을 알고도 믿음이 약하여지지 아니하고 믿음이 없어 하나님의 약속을 의심하지 않고 믿음으로 견고하여져서 하나님께 영광을 돌리며 약속하신 그것을 또한 능히 이루실 줄을 확신하였으니 그러므로 그것이 그에게 의로 여겨졌느니라 롬 4:18-22

백 세나 된 아브라함의 몸은 누가 봐도 죽은 것 같았을 것이다.

아내 사라의 상태를 봐도 경수가 끊어지고 이미 끝난 것 같았다. 하지만 아브라함은 "네 후손이 하늘의 별과 같고 바다의 모래 같으리라"라는 하나님의 말씀대로 자신이 많은 민족의 조상이 될 것을 믿었다.

아무런 희망도 없고 가능성조차 보이지 않는 절망적인 상황이었지만, 그는 믿음이 약해지거나 하나님의 약속을 의심하지 않았고 오히려 믿음이 더욱 견고해졌다. 그런 믿음이 하나님께 의로 여겨진 것이다.

그런데 그 뒤로 더욱 감격스러운 말씀이 이어진다.

> 그에게 의로 여겨졌다 기록된 것은 아브라함만 위한 것이 아니요 의로 여기심을 받을 우리도 위함이니 곧 예수 우리 주를 죽은 자 가운데서 살리신 이를 믿는 자니라 롬 4:23,24

하나님이 아브라함을 의롭게 여기시며 그의 믿음을 성경에 기록하실 때, 아브라함 한 사람만의 이야기로만 국한하지 않으셨다. "의로 여기심을 받을 우리도 위함이니"라는 구절에서 알 수 있듯이 하나님은 우리를 위한 이야기로 이어주셨다.

고난과 절망의 순간은 어쩌면 우리를 갈림길에 세우는 것 같다. 그 갈림길에서 절망스러운 상황에 탄식하며 믿음이 약해지고 허물어진 사람이 있고, 믿음이 약해지지 않고 오히려 견고해져서 약속을 능히 이루실 것을 확신하며 하나님께 영광을 돌리는 백성이 있다.

그러니 고난은 우리 믿음의 진수를 하나님께 증명할 절호의 기회가 아니겠는가! 고난 중에도 하나님의 약속을 믿는 믿음이 약해지지 않고, 열악한 상황과 처지, 형편이 나아질 가능성과 확률이 낮아도 믿음이 더욱 견고해져서 하나님께 영광 돌리는 사람을 보고 하나님은 의롭다고 하신다.

하나님 앞에서 당신이 증명할 의는 무엇인가? 처지 때문에 주저앉거나 형편 때문에 허물어지지 말고 하나님의 약속을 믿고 일어서라. 부정적인 자기 모습을 보고 자살할 생각은 하지도 말고 하나님의 약속을 믿고 굳게 서라. 그게 믿음이다. 하나님께 의로 여겨질 믿음인 것이다.

작디작은 그 하나가 변화의 시작이다

또 비유를 들어 이르시되 천국은 마치 사람이 자기 밭에 갖다 심은 겨자씨 한 알 같으니 이는 모든 씨보다 작은 것이로되 자란 후에는 풀보다 커서 나무가 되매 공중의 새들이 와서 그 가지에 깃들이느니라 또 비유로 말씀하시되 천국은 마치 여자가 가루 서 말 속에 갖다 넣어 전부 부풀게 한 누룩과 같으니라 예수께서 이 모든 것을 무리에게 비유로 말씀하시고 비유가 아니면 아무것도 마태복음 13장에서 예수님은 비유를 통해 "천국은 마치 겨자씨와 누룩 같은 것"이라고 말씀하신다. 겨자씨와 누룩은 잘 보이지도 않을 만큼 작고 볼품없는 존재다.

하지만 깨알 같은 겨자씨 하나를 밭에 심었더니, 그 작은 씨앗이 자라서 공중의 새들이 깃들일 만큼 큰 나무가 되었다. 가루 서 말에 넣은 누룩은 보이지도 않는데 그런 누룩도 부풀기만 하면 기존의 공간을 완전히 다른 차원의 세계로 바꾼다.

천국은 이처럼 볼품없고 초라한 것에서 시작된다. 눈에 잘 띄지 않고 아무것도 아닌 것처럼 보이는 작은 가능성과 헌신, 순종에서 시작되어 어마어마하게 확장되고 부풀어서 내 인생을 완전히 터뜨려버린다.

세상은 작은 존재를 무시한다. 그 안에 들어있는 에너지의 양을 모르기 때문이다. 인간계의 필요를 채워줄 수 없을 거라고 여겨 작은 존재를 함부로 대한다.

그러나 신앙인은 그 작은 것에 잠재된 에너지와 능력을 볼 줄 아는 사람이다. 3년 반 동안 계속된 가뭄과 타들어가는 대지로 고통받는 백성, 간절한 기도에도 변화 없는 하늘…. 그런데도 엘리야는 저 멀리 바다 위에 떠오른 손바닥만 한 구름 한 점에서 희망을 보았다.

나는 말씀을 준비하던 중에 어떤 배우의 자살 소식을 듣고 안타까운 마음으로 이 글을 준비했다(나중에 보니 불교적 색채가 강한 어느 시인이 쓴 우화집 중에 《신이 쉼표를 넣을 곳에 마침표를 찍지 말라》라는 제목이 있었다. 다른 설교의 제목이었다면 내가 쓰지 않고 바꿨을 것이나, 이 제목은 하나님께서 주신 말씀이라 오히려 더 공표해야 한다는 생각이 들어 그대로 확정했다). 글을 쓰다가 나는 눈물을 흘리며 하나님께서 주시는 감동을 따라 이런 기도를 드렸다.

"하나님, 이 말씀이 절박하고 처절한 누군가의 심장에 작은 겨자씨 같은 희망이 되게 하여주옵소서. 가루 서 말 같은 그의 답답한 현실 속에서, 보이지도 않는 누룩처럼 이 작은 말씀이 과부 여인에게 적으나마 남아 있던 기름 한 병 같은 희망의 단서가 되어 부풀어 오르게 하여주옵소서. 그리하여 저들의 인생과 체계가 완전히 뒤바뀌게 해주시옵소서!"

그 기도에 담은 소망처럼, 이 글이 겨자씨와 누룩이 되어 당신과 하나님의 관계가 새로워지고 천국을 회복하기를, 성령님과 동행하는 소풍 같은 인생이 되기를, 기쁨이 가득한 포도즙 같은 삶을 누리기를 간절히 바라며 축복한다.

하나님이 나를
떠났다고 느낄 때

이스라엘 진 앞에 가던 하나님의 사자가 그들의 뒤로 옮겨가매
구름기둥도 앞에서 그 뒤로 옮겨 애굽 진과 이스라엘 진 사이에
이르러 서니 저쪽에는 구름과 흑암이 있고 이쪽에는 밤이
밝으므로 밤새도록 저쪽이 이쪽에 가까이 못 하였더라

출 14:19,20

필립 얀시(Philip Yancey)는 《내가 고통당할 때 하나님 어디 계십니까?》(Where is God When it Hurts?)라는 책에서 "우리가 고통당할 때 하나님은 어디에 계시는가?"라고 질문한다.

삶에 앞이 캄캄할 때가 있다. 왜 이런 일이 내게 닥쳤는지 이해할 수 없는 문제를 만나 어려움을 겪을 때, 기도 응답도 막혀버리고 말씀의 은혜와 예배의 감격도 사라졌을 때 하나님이 나를 떠나신 것 같은 두려움과 슬픔을 느낀다.

지금까지 불기둥과 구름기둥으로 나를 인도하셨던 하나님이 더는 보이지 않고 내가 처한 상황이 어둡게만 여겨질 때 우리는 하나님이 나를 떠나신 것 같아 외롭고 막막해진다.

혹시 당신의 삶도 지금 그러한가? 그렇다 해도 반드시 분명하게 기억할 것은, 하나님은 한 번도 당신을 떠나신 적이 없다는 사실이다. 우리 눈에 그분이 보이지 않을 뿐, 하나님은 우리를 버리신 적도 떠나신 적도 없다.

하나님은 430년 동안 애굽에서 종살이하며 노예의 삶에 길들고 패배와 절망에 익숙해진 이스라엘 백성을 출애굽 시켜 불기둥과 구름기둥으로 인도하셨다.

그런데 하나님의 인도하심을 따라 홍해로 향하는데, 앞에는 거대한 홍해가 막고 있고 뒤에는 애굽의 군사가 몰려오는 상황에서 그분의 임재가 일순간 사라졌다.

두려움에 빠진 이스라엘 백성은 하나님을 의심했다. "크신 권능으로 출애굽 시키실 때는 언제고 이제는 왜 우리를 저버리셨는가?"라며 하늘을 향해 원망했다.

앞서가시던 하나님이 왜 갑자기 보이지 않게 되었을까?

이스라엘 진 앞에 가던 하나님의 사자가 그들의 뒤로 옮겨 가매 구름기둥도 앞
에서 그 뒤로 옮겨 출 14:19

하나님은 이스라엘 백성을 저버리신 것이 아니었다. 가장 뒤에서 그들을 보호하고 계셨다. 백성의 눈에는 홍해와 대적만 보였지만, 하나님은 여전히 그들의 등 뒤에서 지켜주고 계셨다.

떠난 게 아니라 곁에서 지키고 계신다

북아메리카의 인디언 중 한 부족은 남자아이가 만 13세가 되면 독특한 성인식을 치른다. 들짐승과 맹수가 울부짖는 깊은 숲속에서 혼자 하룻밤을 버텨야만 진정한 성인으로 인정받는 것이다.

때가 되면 아버지는 어린 아들의 눈을 가리고 마을에서 멀리 떨

어진 산속으로 데려간다. 해가 져서 어둡고 곳곳에서 늑대 울음 소리가 들려오는 위험한 숲속 한가운데서 아버지는 "네가 이 밤을 버티고 살아남으면 비로소 어른이 되는 것이다"라는 말을 남긴 채 냉정히 돌아선다.

홀로 남은 소년은 캄캄한 어둠 속에서 매정하게 가버린 아버지를 원망하며, 맹수가 언제 어디서 나타나 공격할지 모른다는 두려움으로 밤새 온 신경을 곤두세우고 두려움과 맞선다.

그 긴 밤이 지나고 동이 트면 비로소 살아남았다는 안도감과 함께 눈가리개를 벗어던지는데 이때 그 소년들은 예외 없이 눈물을 터뜨린다고 한다. 성공적으로 성인식을 치렀다는 기쁨보다는 자신의 가까이에 있는 아버지 때문이다.

나를 버리고 떠난 줄 알았던 아버지가 사실은 조금 떨어진 곳에서 밤새도록 자신을 지켜주고 있었음을 발견한 것이다. 맹수의 습격에 대비하여 밤새도록 활시위를 팽팽하게 당긴 채, 손가락에서 피가 흐르는데도 동상이라도 된 듯 미동도 없이 자기를 지키고 서 있던 아버지의 모습을.

해가 떠오르는 새벽, 나만 혼자 남기고 냉정하게 나를 떠난 줄 알았는데 실은 내 곁에서 한 번도 떠나지 않은 아버지를 비로소 발견한 아들은 아버지에게 달려가 그 품에 안겨 펑펑 울었을 것이다. 그리고 '나도 이런 진정한 책임감 있는 어른이 되어야지. 내 사랑하는 자를 지키고 보호할 수 있는 진짜 어른이 될 거야' 다짐

하는 것이 진짜 성인식의 의미가 아니었을까?

혼자 남겨진 것 같은가? 혼자 버려진 것 같은가? 하나님 아버지께서 냉정하게 그 문제와 그 어려움 속에 나를 내동댕이친 것 같은가? 아니다. 하나님은 밤새도록 고통을 참아내며 그 아들을 지켜낸 아버지처럼, 우리를 향한 관심과 사랑의 눈을 한 번도 감지 않으시고, 당신 곁을 한 걸음도 떠나지 않고 지키고 계신다.

나만 혼자인 듯 괴롭고 아플지라도 당신은 절대로 혼자가 아니다. 하나님은 그때마다 기가 막힌 말씀을 통해, 예배의 은혜를 통해, 한 자락 찬양의 위로를 통해, 또한 중보기도자와 신앙의 협력자를 통해 당신의 손을 친히 붙들어주신다.

하나님의 손길이 미치지 않는 곳은 없다

요셉의 인생을 보라. 아버지에게 사랑받으며 잘 지내던 그가 하나님이 주신 꿈을 꾸었지만, 그 꿈의 내용과는 반대로 그의 삶은 고난의 연속이었다. 형들에게 버림받고 노예로 팔린 것으로도 부족해, 누명을 쓰고 감옥에 갇히기까지 했다.

그런 고비마다 요셉은 어떤 기분이 들었을까? 하나님이 자신을 떠나셨다고 느끼지 않았을까? 분명한 사실은 하나님이 언제나 요셉과 함께하셨다는 것이다. 하나님은 요셉에게 꿈만 주시고 버리신 것이 아니다. 요셉이 노예로 팔렸을 때도, 억울하게 감옥에 갇혔을 때도 그와 함께하셨다.

> 여호와께서 요셉과 함께하시므로 그가 형통한 자가 되어 그의 주인 애굽 사람
> 의 집에 있으니 그의 주인이 여호와께서 그와 함께하심을 보며 또 여호와께서
> 그의 범사에 형통하게 하심을 보았더라 **창 39:2,3**

> 간수장은 그의 손에 맡긴 것을 무엇이든지 살펴보지 아니하였으니 이는 여호
> 와께서 요셉과 함께하심이라 여호와께서 그를 범사에 형통하게 하셨더라
> **창 39:23**

짐승보다 못한 노예로 살면서 요셉은 자기가 버려졌다고 느꼈
겠지만, 하나님은 그와 함께하시며 미래를 준비하게 하셨고 또한
범사에 형통하게 하셨다.

양 떼를 돌보는 보잘것없는 소년 다윗에게 사무엘이 찾아와 기
름을 부었다. 그런데 왕으로 세우신다던 하나님의 말씀과는 달
리, 이후 다윗은 사울 왕에게 쫓겨 도망 다녔으며, 10년 동안 험
난한 광야에서 목숨을 위협받았다. 그러나 그런 중에도 하나님은
다윗과 함께하셨다.

> 만군의 하나님 여호와께서 함께 계시니 다윗이 점점 강성하여 가니라 **삼하 5:10**

당신도 요셉처럼 하나님께 버림받은 것 같은가? 다윗처럼, 비전과 사명을 주신 하나님이 멀게만 느껴지고 그분이 당신을 잊으신 것처럼 느껴지는가? 그렇지 않다. 하나님은 불우한 환경 속에서도 당신을 돌보시며, 끝까지 함께하신다. 선하신 하나님을 믿고 구할 때, 여전히 곁에 계시는 그분을 만날 수 있다.

기억하라. 하나님은 우리를 형통하게 하시는 분이며, 그분의 손길이 미치지 않는 곳은 없다. 내 눈에 보이지 않는다고 해서 하나님의 사랑이 끊어진 것이 아니다. 그분은 여전히 나의 등 뒤에서 지켜주고 계신다. 하나님은 절대로 우리를 버리지 않으시고 떠나지도 않으신다.

적이 아니라 두려움이 나를 쓰러뜨린다

예수님이 폭풍으로 두려워 떠는 제자들에게 다가가 "안심하라 나니 두려워하지 말라"(마 14:27)라며 안심시키려 하셨지만, 그들은 바다 위로 걸어오시는 예수님을 유령인 줄 알고 더 두려워했다.

예수님은 베드로에게 물 위를 걷도록 해주시고 예수님이 그와 함께하는 보호자임을 보여주셨지만, 정작 베드로는 자신의 두려움 때문에 물에 빠져 허우적거리며 곤란을 당했다. 그의 가장 큰 위기는 파도와 바람이 아니라 두려움이었다.

어려움 가운데 있는 나를 넘어뜨리는 것은 내가 처한 환경이나 상황이 아니다. 나를 삼키는 것은 내가 두려워하는 문제가 아니라 나의 두려움 그 자체다. 문제 앞에 선 나의 두려움이 나를 쓰러뜨린다.

육의 눈으로만 보면 내 앞에 닥친 상황과 문제가 커 보인다. 그럴 때일수록 더욱더 신앙에 매진하고 기도하길 바란다. 하나님이 나를 떠나신 게 아니라는 것을 깨달아야 한다.

열왕기하 6장에서 아람이 이스라엘을 침공하려고 할 때마다 번번이 이스라엘이 그곳에 와서 방비하는 바람에 실패한다. 아람 왕은 이스라엘과 내통하는 자가 있다고 생각했으나, 실은 선지자 엘리사 때문이었음을 알게 되자 많은 군사와 말과 병거를 보내 엘리사가 있는 도단성을 사방으로 에워쌌다.

하나님의 사람의 사환이 일찍이 일어나서 나가보니 군사와 말과 병거가 성읍을 에워쌌는지라 그의 사환이 엘리사에게 말하되 아아, 내 주여 우리가 어찌하리이까 하니 왕하 6:15

엘리사의 사환이 내다본 성 밖 상황은 수많은 군사와 병거가 성읍을 에워싼, 그야말로 사면초가였다. 사환은 절망했다. 이 위기를 극복할 방법이 없는 데다 하나님께 버림받은 것처럼 느꼈기 때문이다. 하지만 엘리사는 절망하지 않았다.

대담하되 두려워하지 말라 우리와 함께한 자가 그들과 함께한 자보다 많으니라 하고 기도하여 이르되 여호와여 원하건대 그의 눈을 열어서 보게 하옵소서하니 여호와께서 그 청년의 눈을 여시매 그가 보니 불말과 불병거가 산에 가득하여 엘리사를 둘렀더라 **왕하 6:16,17**

그는 성을 에워싼 아람 군대가 아니라 하나님을 바라보았다. 영안이 열리면 하나님이 하나님 되심을 볼 수 있다. 내 상황보다 훨씬 더 크신 하나님을 만나게 된다. 하나님께서 당신과 함께 계심을 믿는가? 두려움을 버리고, 하나님의 신뢰로 다시 나아갈 수 있기를 바란다.

하나님을 믿고 앞으로 나아가라

내 영혼아 네가 어찌하여 낙심하며 어찌하여 내 속에서 불안해 하는가 너는 하나님께 소망을 두라 그가 나타나 도우심으로 말미암아 내가 여전히 찬송하리로다 **시 42:5**

때로 원수는 "네 하나님은 어디에 계시냐?"라는 조롱으로 우리를 낙심시키고 무너뜨리려 한다. 이것을 어떻게 극복할 수 있는가? "하나님께 소망을 두라", 이 말씀에 답이 있다. 다른 곳에 소망 두지 말고, 주님만 바라보아야 한다. 오직 하나님께 소망을 둘 때, 그분의 도우시는 손길을 틀림없이 느낄 수 있다.

두려울지라도 주님께 공급받은 힘으로 그분을 '여전히' 찬송하라. 그리고 믿음을 가지고 '계속' 전진하라. 그때 비로소 문제가 풀리고 해답을 얻는다.

이 장을 시작할 때 배경이 되었던 홍해 앞으로 다시 가보자. 거대한 홍해가 이스라엘 백성의 앞을 가로막고, 뒤쪽에는 애굽의 철병거가 뒤따라왔다. 어디로도 피할 수 없는 진퇴양난의 상황에서 이스라엘 백성은 절망하고 두려워했다. 그들은 모세를 원망하며 "우리를 내버려 두라"(출 14:12)라고 한다.

마귀는 허상뿐인 상황과 처지로 신앙의 진보를 이루지 못하게 만든다. 당신도 이스라엘 백성처럼 하나님의 역사를 불신하고 원망할 것인가? 마귀가 가져다주는 불안감에 짓눌려 이대로 멈추고 영적 도전을 포기한 채 불평할 것인가? 아니면 하나님을 의지하여 계속 전진할 것인가?

그대로 주저앉아 포기하려는 백성들에게 하나님은 "앞으로 나아가게 하라"라고 말씀하신다.

여호와께서 모세에게 이르시되 너는 어찌하여 내게 부르짖느냐 이스라엘 자손에게 명령하여 앞으로 나아가게 하고 출 14:15

우리에게 있는 해답은 오직 한 가지, 하나님을 믿고 앞으로 나아가는 것이다. 그럴 때, 막혔던 상황이 풀리고 위대하신 하나님의 역사를 경험하게 된다. 숨어계시듯 하나님이 보이지 않을 때도 임마누엘 되시는 하나님은 인디언 아버지처럼 잠시도 우리 곁을 떠나지 않으시고 지켜주신다.

독일의 철학자이자 신비주의 사상가 마이스터 에크하르트(Meister Eckhart)는 "하나님은 먼 곳에 숨어 헛기침을 하면서 자신의 위치를 드러내는 사람과 같다"라고 말했다. 그의 말처럼 하나님은 때때로 멀리서 헛기침을 하셔서 일부러 자신의 존재와 위치를 알려주시는 것처럼 느껴지기도 한다.

하나님이 나를 버리셨다고 오해하여 절망하고 있는가? 그렇다면 이 책이 당신을 향한 '하나님의 헛기침'으로 사용되길 바란다. 하나님은 절대로 당신을 버리지 않으셨다. 당신과 여전히 함께 계신다.

신앙은 KO승이 아니라
판정승이다

나는 선한 싸움을 싸우고 나의 달려갈 길을 마치고 믿음을
지켰으니 이제 후로는 나를 위하여 의의 면류관이 예비되었으므로
주 곧 의로우신 재판장이 그날에 내게 주실 것이며 내게만 아니라
주의 나타나심을 사모하는 모든 자에게도니라

딤후 4:7,8

예전에 한 UFC 경기를 시청할 때의 일이다. 코리안 좀비 정찬성 선수가 1라운드에서 상대방을 완전히 실신시키고 1분 25초 만에 경기를 끝내며 짜릿한 KO승을 거두었다. 정찬성 선수를 비롯한 관중 모두가 환호한 것은 물론이다.

그런데 정찬성 선수의 경기 전에 판정승으로 힘겹게 이긴 선수가 있었다. 그 선수가 어두운 얼굴로 인터뷰하며 "재미있는 경기를 보여드리지 못해서 죄송합니다. 다음에는 더욱 공격적이고 화끈한 경기로 여러분께 보답하겠습니다"라고 사과했다.

판정승이라 해도 '승리'라는 결과는 동일하다. 그런데도 그 선수는 왜 승리하고도 저렇게 얼굴이 어두운지, 꼭 저렇게 사과해야 하는지, 그 인터뷰를 보면서 의아했다.

사람들은 화끈한 KO승을 좋아하여 그것에 열광하고 그런 승리를 거두기를 원한다. 하지만 신앙과 인생의 승리는 오히려 판정승이다. 인생도 믿음도 단번에 KO로 끝내고 종결할 수 없고, 너덜너덜해질 만큼 힘든 일을 겪으면서도 끝까지 버티고 견뎌서 얻어내는 판정승과 더욱 가깝다.

사람의 생각과 하나님의 생각이 다른 것이 또 한 가지 있다. 사람들은 단번에 끝내는 것을 좋아하기에 100미터 단거리 경주의 인기가 많지만, 인생은 화끈한 100미터 단거리 경주가 아니라 마라톤에 비유된다. 하나님은 우리가 마라톤 같은 인생에서 승리하길 원하신다.

판정승을 얻기까지 두 가지 전제가 있다. 첫째, 끝까지 버텨야만 판정까지 갈 수 있고, 둘째, 심판의 선언이 있어야 한다. 이 장에서는 인생과 신앙의 승리를 이 판정승과 마라톤에 비유하여 생각해보려고 한다.

소걸음처럼 우직하게 끝까지 가라

복싱은 경기마다 라운드가 달라서 3라운드 경기도 있고 5라운드도 있다. 경기의 성격은 다를지라도 판정승을 얻으려면 무조건 끝까지 가야 한다는 사실은 같다. 마라톤 역시 아무리 실력이 뛰어나도 중도에 멈추거나 끝낼 수 없다. 42.195킬로미터를 다 달리고 결승점을 통과해야만 승리를 얻을 수 있다.

그렇듯 판정승은 중간에 끝나지 않는다. 일단 끝까지 가야만 판정을 받을 수 있다. 인생과 사역의 판정승은 달려갈 길, 그 모든 사역의 길을 마치도록 믿음을 끝까지 지켜야만 얻을 수 있는 승리다.

디모데후서는 사도 바울이 순교가 임박했을 때 기록한 것이다.

유언장과도 같은 그 서신에서 바울은 모든 사역을 마치고 자신의 인생이 전제(포도주를 부어 드리는 제사)처럼 쏟아질 때 하나님이 주실 판정승을 기대했다.

> 전제와 같이 내가 벌써 부어지고 나의 떠날 시각이 가까웠도다 나는 선한 싸움을 싸우고 나의 달려갈 길을 마치고 믿음을 지켰으니 이제 후로는 나를 위하여 의의 면류관이 예비되었으므로 주 곧 의로우신 재판장이 그날에 내게 주실 것이며 내게만 아니라 주의 나타나심을 사모하는 모든 자에게도니라
>
> 딤후 4:6-8

"잘하였도다, 충성된 종아."

바울의 목적지는 분명했다. 하나님의 부르심에 합당한 삶으로 인정받을 때까지 멈추지 않았다. 당장 눈앞의 화끈하고 멋진 승리가 아닌 하나님의 판정승을 기대하며 믿음으로 끝까지 걸었다.

사도 바울은 복음을 전하기 위해 말로 다할 수 없는 고난을 겪었다(고후 11:23-27). 그토록 치열하게 살아왔으면서도 그는 자기를 부르신 이의 그 부름의 상을 위하여 푯대를 향해 끝까지 달리겠다고 했다. 의로운 재판장이신 하나님께서 승리를 선언하실 것을 믿으며 의로운 면류관을 받기를 기대했다. 하나님의 결승선을 통과하는 것이야말로 인생의 참다운 승리가 아니겠는가?

내가 이미 얻었다 함도 아니요 온전히 이루었다 함도 아니라 오직 내가 그리스 도 예수께 잡힌 바 된 그것을 잡으려고 달려가노라 형제들아 나는 아직 내가 잡은 줄로 여기지 아니하고 오직 한 일 즉 뒤에 있는 것은 잊어버리고 앞에 있 는 것을 잡으려고 푯대를 향하여 그리스도 예수 안에서 하나님이 위에서 부르 신 부름의 상을 위하여 달려가노라 빌 3:12-14

아버지는 항상 내게 "목회는 말의 뜀박질이 아니라 느린 소의 발걸음"이라고 말씀하셨다. 목회는 화끈한 말처럼 재빠르게 한 번 뛰고 끝나는 싸움이 아니라, 우직한 소의 걸음처럼 느리지만 멈추지 않고 끝까지 걸어가는 것이다. 비단 목회뿐만이겠는가. 우리 인생과 신앙도 끝까지 가야 한다.

인생은 끝까지 전력질주하는 마라톤이다

어떤 분들은 내게 "목회는 마라톤이야, 안 목사. 인생도 마라 톤이야"라고 말하면서 나에게 멈추고 휴식할 것을 권한다. 그럴 때 나는 "맞습니다. 목회와 인생은 마라톤입니다. '그래서' 저는 계속 뛰어야 합니다"라고 대답한다. 무슨 의미일까?

사실 마라톤은 설렁설렁 뛰는 경기가 아니다. 42.195킬로미터 를 2시간대에 들어온다는 것은 100미터를 17초대로 계속 뛰는 것 이다. 전력 질주로도 100미터를 17초에 뛰지 못하는 사람도 많은

데, 마라톤은 놀며 잡담하며 어슬렁거리는 게 아니라 그 정도로 쉬지 않고 끊임없이 달려야 들어올 수 있는 경기다.

그리고 마라톤 선수는 경기 도중에 쉬는 법이 없다. 중간에 휴식하면 더욱 잘 달릴 것 같은데 절대 그렇지 않다. 멈추는 순간, 페이스를 잃은 근육이 뒤틀리면서 다시 회복하여 달릴 수가 없기 때문이다.

그래서 물도 계속 달리면서 마시고, 다리에 쥐가 나도 잠깐 쉬는 대신 들고 다니던 바늘로 찔러 피를 내고서 그대로 달린다. 달리다 멈추면 그것으로 끝이 난다는 사실을 경험으로 알고 있기 때문에, 지금까지 열심히 뛰어온 그 여정과 노력을 헛되게 하려 하지 않는다.

코치는 선수의 노력을 누구보다 잘 안다. 그런데도 선수를 혹독하게 훈련하고 담금질하는 이유는, 그것이 선수를 위한 길이기 때문이다. 훈련을 멈추는 순간, 그동안의 노력이 허사가 된다는 것을 알기에 힘들어하는 선수를 독려하고 때로는 모질게 대하는 것이다.

목사 또한 그런 악역을 감당해야 할 때가 있다. 포기하려는 성도에게 재차 권면하는 이유는 그대로 멈추게 두면 영적 근육이 뒤틀린다는 것을 알기 때문이다. 그렇기에 다시금 기도의 현장으로 이끌고 사역의 자리로 안내할 수밖에 없다.

마라톤에는 더 달릴 수 없을 것같이 힘들고 고통스러운 '데드 포인트'라는 고비가 있다고 했다(1장 참조). 혹시 지금 너무 힘들어 다 포기해버리고 싶은 데드 포인트에 이르렀는가? 그래도 여기서 멈추면 안 된다. 한 걸음 더 내디뎌서 데드 포인트를 지나가면 어느 순간 다시 달릴 힘을 얻을 것이다. 마라토너들이 극한의 고통을 넘어서면 '러너스 하이'(Runner's High)로 불리는 강렬한 도취감과 희열을 느끼는 것처럼.

인생의 참된 승리는 힘든 상황에서도 계속 뛰는 것이고, 그렇기에 믿음은 버티는 것이다. 그런데 혹시 사도 바울처럼 열심히 일해 본 것도 아니면서 지쳤다고 '지금까지 아무것도 안 했지만 더 격렬하게 아무것도 안 하고 싶다'라며 쉬기를 바라는 자는 없는가?

만족하며 주저앉거나 힘들다고 낙심하며 포기하는 인생이 되지 말자. 중간에 멈추지 말고 푯대를 향하여 끊임없이 달리는 인생이 되자. 하나님의 훈련이 때로는 모질게 느껴져도 당신이 승리를 얻도록 독려하시는 것이니 서운해하지 말고 다시 한번 일어나 끝까지 달려가자.

신앙생활에도 영적 기초 체력이 필요하다

2002년 한일 월드컵을 앞두고 히딩크 감독이 부임하기 전까지 우리 국민들은 대한민국 축구 선수들이 체력은 좋지만, 서구보다 기술이 부족해서 밀린다고 생각했다.

그러나 히딩크 감독은 반대로 판단했다. 대한민국 국가대표 선수들의 체력이 형편없다는 것이다. 사람들이 의아해하며 반대하는 소리에도 개의치 않고 선수들을 혹독하게 훈련하여 90분을 왕성하게 뛸 수 있는 체력을 만든 결과, 그는 대한민국 역사상 '최초의 월드컵 4강 진출'이라는 쾌거를 달성했다.

끝까지 경기하기 위해서는 체력이 필요하다. 아무리 테크닉이 좋더라도 5라운드를 뛸 수 있는 체력이 뒷받침되지 않으면 판정승을 얻을 수 없다. 어쩌다 한 번 KO승은 가능할 수 있겠지만 결코 판정승까지는 갈 수 없다. 훈련을 철저하게 준비하지 못한 사람은 자기 스스로 이미 알고 있다. 그래서 서둘러 승부를 내고자 조급하게 주먹을 휘두르다가 역공을 당한다.

나에게도 그것을 깨달은 귀한 경험이 있다. 진액을 쏟아가며 목회를 하는 동안 나는 건강이 좋은 편이 아니었다. 몸이 너무 좋지 않을 때는 우리 교인들이 진료하는 한의원과 병원에서 진료를 받았다. 주사 맞고 약을 먹은 후에는 일시적으로 나아지긴 했으나, 완전히 회복된 것은 아니었다.

이때 의사들이 내게 한목소리로 "목사님, 체력을 키우셔야 합니다. 운동하십시오"라고 권했다. 결국은 운동이었다. 내가 체력을 키우지 않으면 아무리 좋은 것도 잠깐의 일시적인 방편일 뿐 완전한 해결책은 되지 않는다.

나는 그들의 조언을 받아들여 하루에 3시간씩 운동하기 시작했다. 첫날에는 볼펜을 들 힘조차 없을 정도였지만, 운동하는 기간이 늘수록 점차 혈색이 좋아지고 체력도 길러져 지금은 목회의 사명을 감당하기에 부족하지 않은 건강을 회복했다.

신앙생활에도 영적 기초 체력이 필요하다. 항상 기도와 말씀으로 꾸준히 단련하고 하나님께 공급받은 힘으로 훈련을 계속해야만 판정승까지 버틸 수 있다.

신앙생활을 하다 보면 힘들고 지칠 때가 있다. 그럴 때 무너지지 말고 더욱 기도하며 말씀과 예배 가운데로 나와야 한다. 영적인 기초 체력이 점점 쌓이면 큰 힘이 된다.

너무너무 힘들어서 도저히 지속할 수 없을 때,

10초, 20초, 30초만 더 버텨봐.

코어 근육은 바로 그때 생기는 거야.

어떤 헬스장에 붙어 있는 명언이라고 한다. 헬스 트레이너가 가장 많이 하는 말이 "한 번만, 한 번만 더, 한 번만 더, 진짜 마지막으로 한 번 더"라고 한다. 죽을 것처럼 힘들지만 참고 버텨낼 때 근육이 생기기 때문이다.

우리 인생과 신앙도 마찬가지다. 절망하고 포기하고 싶을 때 견디고 버틴 것이 믿음의 근육이 되어 나를 더 강하게 한다. 그러니 끝난 것 같을 때, 더 이상 못 할 것 같을 그때 조금만 더 견디고 버텨보자.

의로운 하나님이 우리의 심판이시다

판정승을 얻기 위한 두 번째 전제 조건은 '심판의 선언'이다. KO승은 내가 무언가를 하는 것이지만 판정승은 내가 할 수 없다. 심판이 주는 승리이기 때문이다. 나 스스로 승리를 확정하는 것이 아니라 심판관이신 하나님께서 승패 결과를 확정하신다는 점에서 신앙과 믿음은 판정승과 닮았다.

2014년 러시아 소치 올림픽의 여자 피겨 싱글 종목에서 전 세계는 전 대회 금메달리스트인 김연아 선수의 우승을 예견했다. 쇼트와 프리 종목에서 완벽한 연기를 보여주었기 때문이다.

그러나 심판들은 김연아 선수에게 터무니없이 낮은 점수를 매겼고, 결국 국제대회에서 한 번도 우승한 적 없는 아델리나 소트니코바라는 러시아 선수가 터무니없이 후한 점수를 받고서 금메달을 목에 걸었다.

그 당시 이 미심쩍은 판정은 세계적으로도 큰 논란이 되었고 각국 외신이 채점의 공정성에 계속 의문을 제기했으나 결과는 바뀌지 않았다. 억울해도 심판의 판정에 따라서 이미 승패가 확정되었기 때문이다.

그러나 우리의 심판관은 의로운 하나님이시다. 바울은 "의로운 재판장이신 하나님께서 마지막까지 달려온 나를 위하여 의의 면류관을 예비해주셨다"라고 말한다.

이제 후로는 나를 위하여 의의 면류관이 예비되었으므로 주 곧 의로우신 재판장이 그날에 내게 주실 것이며 ··· **딤후 4:8**

오직 재판장이신 하나님께서 결정하시는 대로 판결이 내려진다. 하나님이 우리의 심판이심을 잊어서는 안 된다. 신앙의 경주는 그분의 판결에 따라 실패와 성공이 결정되는 싸움이다.

하나님은 사도 바울뿐만 아니라 우리에게도 이 약속의 말씀을 주셨다.

··· 내게만 아니라 주의 나타나심을 사모하는 모든 자에게도니라 **딤후 4:8**

하나님께서 우리에게 승리를 주려고 기다리신다는 사실을 기억해야 한다. 대대로부터 이 사실을 아는 자가 승리의 삶을 살았고 위대한 영웅이 되었다.

당신에게 축하의 말을 건네고 싶다. 영원한 심판자이신 하나님이 당신의 편이기에 승리는 이미 당신에게 있다. 심판이 승리를 선언할 때까지 당신은 그저 견디고 버티기만 하면 된다. 물론 두들

겨 맞으면 아프다. 그러나 결국은 당신이 이긴다. KO승, 한판승이 아니어도 괜찮다. 어렵고 힘들더라도 최후의 승리를 예비하신 하나님을 향하여 끝까지 걸어가면 된다.

하나님이 일하시도록 기다려라

판정승을 기대한다면, 내가 결론을 내려고 해서는 안 된다. 나의 방법이 아닌 하나님의 방식으로, 하나님의 때에 이루어지기를 기다려야 한다. 그런데 하나님이 승리를 선언하실 때까지 기다려야 한다는 것을 알면서도, 종종 사람들은 자기 힘으로 해결하려는 실수를 저지른다.

어쩐지 가만히 있으면 안 될 것 같고, 무언가를 해야 할 것만 같을 때가 있다. 그럴 때도 하나님의 때와 방법으로 '하나님이 일하시도록' 기다려야 한다. 사람의 노력과 힘으로 얻어낸 승리는 깔끔하게 끝나지 않고, 계속해서 또 다른 아픔과 후유증을 동반하기 때문이다.

아브라함, 고통의 시작

아브라함은 하나님의 때까지 판정승을 기다리지 못했다. 하갈에게서 아들을 얻는 것은 멋진 성공으로 보였지만, 그로 인하여 아픔과 고통이 시작되었다.

사랑하는 아내 사라가 역으로 하갈에게 무시를 당했으며, 100세에 낳은 아들 이삭이 이스마엘에게 괴롭힘을 당했다. 결국은 아브라함도 자신의 소생인 이스마엘을 내보내야 하는 아픔을 겪었다. 그때의 아픔과 고통이 지금까지 이어져서 이스마엘과 이삭의 자손이 여전히 싸우는 결과를 낳았다.

야곱, 대적을 만드는 잔꾀

야곱은 하나님께서 하나님의 때에 주실 그 복을 기다리지 못했다. 어머니의 태중에서도 형의 발꿈치를 잡아서 자기가 먼저 나가려고 했고, 성장해서는 형 에서의 장자권을 빼앗고 그 축복을 가로챘다.

당시에는 승리한 것처럼 보였지만 그로 인해 또 다른 아픔을 겪게 되었다. 축복은커녕 도망자의 신세가 되어 외삼촌인 라반의 집으로 피신해야 했던 것이다.

외삼촌의 집으로 도망한 후로도 야곱은 자기 힘으로 문제를 해결하려고 했다. 결국 외삼촌과의 재산 다툼으로 또다시 도망자가 된 야곱은 더 큰 어려움과 문제에 직면했다.

야곱이 문제를 해결 받은 것은 제힘으로 해결하려고 했을 때가 아니었다. 하나님께 완전히 매달려서 그분의 때를 기다린 때였다. 하나님을 신뢰하며 의지했을 때, 야곱을 죽이러 오던 에서와 400명의 부대는 오히려 그의 보호자가 되었다.

시므온과 레위, 위기를 부른 복수

여동생 디나가 강간을 당하자 시므온과 레위는 크게 분노해 복수할 계략을 세운다. 두 사람은 세겜 남자들이 할례를 받게 했고, 그들이 할례의 통증으로 움직이지 못할 때를 노려 끔찍한 살육을 자행했다. 당시에는 복수에 성공하여 승리한 것 같았지만 그 때문에 이스라엘 민족이 큰 위기에 처했다.

사람의 방법은 참된 해결책이 아니다. 우리는 자꾸만 스스로 무언가를 해보려고 하지만 하나님의 방법이 가장 안전하고 완전하다. 그렇기에 하나님의 방법으로 하나님의 때와 역사를 기대해야 한다. 복수는 내가 할 일이 아니다. 복수의 권한은 당신에게 있지 않고 하나님의 손에 달려있다.

내 사랑하는 자들아 너희가 친히 원수를 갚지 말고 하나님의 진노하심에 맡기라 기록되었으되 원수 갚는 것이 내게 있으니 내가 갚으리라고 주께서 말씀하시니라 **롬 12:19**

억울할 때도 하나님의 심판을 기다린 요셉

요셉은 형제들에게 배신당하여 노예로 팔려 갔고, 억울하게 누명을 쓰고 감옥에 갇히기까지 했다. 하지만 그는 이집트의 총리로 임명되었을 때도 개인적인 감정에 휘둘러서 복수하지 않았다. 그저 하나님이 일하시도록 기다렸다. 하나님이 일하실 것을 기대하며 회복을 기다리는 것이 믿음이다.

하나님 편에 선 자가 진짜 승자다

다윗의 선포와 같이 전쟁은 하나님께 속했다(삼상 17:47). 우리의 상황과 형편, 능력 따위에 달리지 않았다. 하나님이 내 삶을 완전히 주장하심을 믿는 것이 참된 믿음이다. 당신의 가정과 자녀, 일터와 사업이 하나님께 달렸음을 믿는가?

승패 결과를 심판이 확정한다는 말은 내가 승리를 확정할 수 없을 뿐 아니라 그 누구도 심판 대신 판정을 내릴 수 없다는 뜻이다. 그런데 때때로 우리는 관중에 마음을 다 빼앗긴 나머지, 관중이 야유하면 기가 죽고 관중이 환호하면 우쭐해진다.

물론 관중의 환호가 경기에 영향을 끼칠 수는 있지만, 관중이 아무리 환호해도 심판이 졌다고 말하면 진 것이다. 경기에 임할 때 관중을 지나치게 신경 쓰면 안 된다. 관중의 관심과 경기의 대세가 어디에 있든 승부는 심판이 판결한 대로 확정되며 다른 그 누구의 선언도 유효하지 않다.

우리 교회의 강대상 통로에는 하늘을 우러러보는 사자의 사진이 있고, 그 사진 아래에 나는 이런 내용의 글을 적어두었다.

사자처럼 담대하라. 하나님 편에 서라. 하나님께서 주신 말씀과 그 진리를 전하기에 1초도 머뭇거리지 말며 사람의 눈치도 보지 말라.

하나님의 편에 서면 결코 사람이 두렵지 않다. 우리가 하나님만 두려워하면 더는 사람이 두렵지 않다. 그러나 사람을 두려워하면 어느 순간 하나님이 두렵지 않게 된다.

하나님은 실수가 없으시고, 실패하지도 않으신다. 그분이 친히 우리의 재판장이 되어주시고 승리의 삶을 안겨주기를 기뻐하신다. 크신 하나님이 내 편이신데, 무엇이 두려운가? 하나님이 주실 승리를 기대하라.

인생의 승리를 선언하고 당신을 의롭다고 인정하시는 분은 결국 하나님이시다. 그분의 편에 선 자가 진짜 승자다. 하나님의 편에 서라. 하나님을 바라보라. 최종 판결을 내리실 심판자 하나님의 의중을 살피는 것이 지혜로운 행동이다.

보라 너희가 다 각각 제 곳으로 흩어지고 나를 혼자 둘 때가 오나니 벌써 왔도다 그러나 내가 혼자 있는 것이 아니라 아버지께서 나와 함께 계시느니라 이것을 너희에게 이르는 것은 너희로 내 안에서 평안을 누리게 하려 함이라 세상에서는 너희가 환난을 당하나 담대하라 내가 세상을 이기었노라 요 16:32,33

이 세상에서는 내가 진 것처럼 보이고 모자라게 사는 것처럼 느껴지겠지만, 예수님은 확실하게 말씀하셨다.

"내가 세상을 이기었노라"(요 16:33).

예수님이 이미 세상을 이기셨기에 우리도 넉넉하게 세상을 이길 수 있다. 승리를 약속하신 하나님의 말씀을 의지하여 끝까지 견디고 버텨서 끝내 신앙과 믿음의 판정승을 얻는 당신이 되길 진심으로 응원한다.

chapter

11

바라는 열매를 얻는
세 가지 방법

… 보라 농부가 땅에서 나는 귀한 열매를 바라고 길이 참아 이른
비와 늦은 비를 기다리나니 너희도 길이 참고 마음을 굳건하게
하라 주의 강림이 가까우니라 형제들아 서로 원망하지 말라
그리하여야 심판을 면하리라 보라 심판주가 문밖에 서 계시니라

약 5:7-9

살아가면서 순발력과 지구력 가운데 어떤 것이 더 강력한 능력이 될까? 이 시대는 성공을 위해서 순발력을 요구하지만, 신앙에는 지구력이 필요하다. 끝까지 인내하는 힘이야말로 신앙의 능력이자, 구원의 길이며, 믿음이 승리하는 길이다.

마태복음 24장에서 제자들이 마지막 때에 어떤 일이 있을 것인지 여쭤보자 예수님은 전쟁과 기근, 지진 등의 징조를 일러주시고, 많은 사람이 그리스도를 자처하고 거짓 선지자들이 일어나 사람들을 미혹할 것을 경계하신다. 그런 후에 "끝까지 견디는 자는 구원을 얻으리라"(13절)라고 말씀하신다.

바로 이 말씀이 이 장의 주제이자 결론이다. 야고보서 기자도 "너희도 길이 참고 마음을 굳건하게 하라 주의 강림이 가까우니라"(약 5:8)라고 당부했다.

우리는 한마디로 '기다리는 자'다. 2천 년 전에 예수님께서 우리 죄를 대속하시려고 유월절 어린양처럼 이 땅에 오신 것과 심판주로 재림하실 것을 믿고 기다린다. 그렇기에 기독교 신앙의 정체는 또한 '인내'라고도 할 수 있다. 주님의 재림과 심판의 날을 끝까지 기다릴 수 있는 것이 바로 기독교 신앙이다.

인내는 이 땅을 살아가는 우리에게 축복과 회복, 승리와 성공, 부흥을 가져다주는 매우 중요한 요소이며 통로다. 그 인내가 자신의 삶과 신앙 가운데 자리 잡고 있는지, 결여되지는 않았는지 이 장을 통해 점검하길 바란다.

인내 없이 얻는 열매는 없다

열매를 얻을 것을 기대하며 나무를 심거나 씨를 뿌렸다면 그 사람은 반드시 기다려야 한다. 심고 뿌린 그다음 날부터 바로 열매를 구하고 찾는 사람은 없다. 간절한 기도의 응답과 회복과 부흥을 기다리는 이는 반드시 인내하고 기다려야 한다.

하나님께서 우리에게 높은 차원의 인생을 선물하실 때 반드시 요구하시는 것이 '인내'다. 그분은 우리에게 "더 높은 수준을 위해서 기다려라. 더 위대한 차원의 인생을 위해서 기다려라"라고 말씀하신다. 그러니 하나님께서 당신에게 인내를 요구하고 계신다면 그분의 사랑을 느끼길 바란다. 격이 다른 인생으로 이끌어주시려고 사랑으로 요구하시는 것이기 때문이다.

골프 선수가 아주 쉬워 보이는 퍼팅을 실수하여 버디 찬스(기준 타수보다 하나 적은 타수로 공을 홀에 집어넣을 기회)를 허무하게 놓칠 때가 있다. 평소처럼만 치면 되는데 좋은 기회가 오면 욕심 때문에 긴장해서 손이 떨리고, 그 바람에 실수하는 것이다.

옆으로 빗나갈 때도 있지만, 평소보다 모자라게 쳐서 홀컵에 닿지도 못하고 서버릴 때도 많은데 그것을 보고 어떤 이가 "지금껏, 공이 홀컵을 지나치지 않고는 (홀컵에) 들어간 역사가 한 번도 없습니다"라고 말한 적이 있다.

참 맞는 말이다. 일단 공이 홀을 지나가야 들어갈 가능성이라도 생기는 것이지, 홀에 미치지 못하면 절대로 들어갈 수 없다. 그러니 무조건 지나가게 쳐야 한다. 그런데 문득 나는 그 말을 이렇게 바꿔보고 싶어졌다.

"이제껏, 인내하지 않고 하나님의 축복을 누린 역사가 한 번도 없습니다."

공을 홀컵에 넣기를 원한다면 공이 그 컵을 지나게끔 넉넉하게 쳐야 하듯이, 응답을 원하고 성공을 꿈꾼다면 충분히 인내해야 한다. 인내해야 뭐든 기대할 수 있다.

농부가 땅에서 나는 귀한 열매를 바라며 길이 참아 이른 비와 늦은 비를 기다리는 것처럼, 우리도 소망을 품고 하나님의 약속이 이루어질 줄로 믿고 기다려야 한다. 그 기다림을 통해 하나님께서 역사하시기 때문이다.

그러므로 형제들아 주께서 강림하시기까지 길이 참으라 보라 농부가 땅에서 나는 귀한 열매를 바라고 길이 참아 이른 비와 늦은 비를 기다리나니 약 5:7

기적이 일어나는 데도 시간이 걸린다

"Even Miracles take a little time(기적에도 시간이 걸린다)."

영화 〈신데렐라〉에 나오는 명대사다. 어찌 보면 모순된 말 같다. 우리는 대체로 기적을 '짠!' 하고 한순간에 일어나는 것으로만 생각해, 기적과 시간을 서로 충돌하는 개념으로 여긴다.

하지만 사람들이 누려왔던 기적은 모두 다 시간이 걸렸다. 우리가 바라는 기적도 마찬가지다. 이 중요한 진리를 착각하거나 잊지 말자.

대제국 이집트에서 파라오(바로)를 제외하고 일반인이 오를 수 있는 최고의 자리는 총리였다. 이방 민족의 노예였던 요셉이 그 자리에 오른 것은 기적이라고밖에 말할 수 없다. 이 기적이 일어나기까지 무려 13년이 걸렸다.

아무도 기대하지 않고 거들떠보지도 않았던 막내아들 목동 다윗이 이스라엘 왕이 된 것도 기적이지만, 그 기름 부음 이후 즉위하기까지 그는 꽃다운 청춘의 시간을 다 보내야 했다.

인류가 경험한 최고의 기적은 예수님의 성육신이다. 남자를 알지 못하는 여인의 몸에 예수님이 성령으로 잉태되어 태어나시기까지 이 기적도 열 달이 걸렸다.

이렇듯 기적에도 시간이 걸린다. 그런데 우리는 기적을 요구하면서도 인내하는 시간과 과정을 훌쩍 뛰어넘고 싶어 한다. 다시 말하지만, 인내하지 않은 자가 복을 받은 예가 없다. 인내하라.

오래 참으라.

기적이 한순간에 일어날 수 없다는 말은 아니다. 오병이어의 사건처럼 기적이 한순간에 일어날 수도 있다. 다만 우리가 간절히 원하는 그때가 주님의 때와는 다를 수 있다는 말이다.

우리는 기다리는 것을 힘들어한다. 차라리 헌신하고 열정을 불사르며 무언가를 하라고 하면 곧잘 순종하지만, 가만히 참고 기다리는 것은 잘하지 못한다. 왜 그런가? 인간의 악한 본성 때문이다. 나 스스로 지혜롭다고 생각하며 교만해져서 하나님의 자리에 오르려는 인간의 죄성은 가만히 인내하는 것을 가장 힘겨워한다. 그렇기에 '지금 당장' 기적을 원하고, 내가 원하는 방식으로 기적을 일으키실 것을 하나님께 요구한다.

그러나 하나님은 결코 서두르시는 법이 없다. 그분의 섭리와 목적은 우리의 허술하고 어설픈 시계를 초월하고 능가한다. 그러니 용기를 얻으라. 내게 약속과 소망을 주신 하나님을 신뢰하며 끈기 있게 계속 기도하면 반드시 하나님의 시간이 이르러, 이해할 수 없었던 지연과 무의미해 보이던 기다림 끝에 마침내 하나님의 놀라운 사랑을 깨닫게 될 것이다.

인내가 기적을 기적인 줄 알게 한다

이르시되 내가 반드시 너에게 복 주고 복 주며 너를 번성하게 하고 번성하게 하리라 하셨더니 그가 이같이 오래 참아 약속을 받았느니라 히 6:14,15

"이같이" 약속을 받고 그 복을 누리는 자는 어떤 자인가? 오래 참는 자다.

이 약속을 받을 때 아브라함은 100세가 되어가고 아내 사라는 이미 경수가 끊어져 생명을 잉태할 수 없는 몸이었다. 생명의 근원이 끊어져 죽은 것 같은 육신에 무슨 소망이 있겠는가? 그들에게는 아무 가망이 없어 보였지만 하나님께서 아브라함에게 약속을 주셨고, 그는 오래 참음으로써 약속된 모든 복을 받았다.

하나님의 약속을 내 삶에서 누리기를 바란다면, 하나님의 약속이 진짜인지 아닌지 진위를 따지며 흔들리는 유치한 신앙을 뛰어넘어야 하고, '오늘 내게 부족한 것이 무엇인가'를 따지기보다 '내가 잘 기다리고 있는가'를 돌아보아야 한다.

아브라함이 조급함 때문에 인내하지 못해서 망친 것이 있다. 하갈에게서 낳은 이스마엘 때문에 사라도 이삭도 상처 입고 자신은 비난받았다. 하지만 그는 또한 인내로 성공했다. 끝까지 기다렸더니 100세에 하나님께서 그에게 축복을 주셨다.

인생이 인내 때문에 실패하고 인내 덕분에 성공하는 것은 아브라함에게 국한된 것이 아니라 우리에게도 해당한다. 인내하지 못하면 바벨탑 같은 가짜 축복 때문에 진짜 복을 누리지 못하게 된다. 하지만 오래 참고 인내하는 자는 하나님께서 예비하고 약속하신 진짜 복, 하늘의 기름진 복을 소유한다.

하나님이 우리의 기도에 곧바로 응답해주시고 문을 두드리는 즉시 열어주시면 얼마나 좋겠는가. 하나님이 우리를 사랑하신다면 기다리게 하지 말고 곧장 주시면 될 텐데 왜 인내가 필요할까? 어째서 하나님은 우리에게 자꾸만 인내를 요구하실까?

만약 인내의 시간을 허락하지 않으셨다면 어쩌면 우리는 그 기적이 기적인 줄도 몰랐을 것이다. 100세에 아들 이삭을 얻은 것이 아브라함에게는 기적이었지만, 간절한 기다림 없이 자녀를 쑥쑥 낳은 사람은 그것을 기적이라 여기지 않을 것이다.

이삭뿐 아니라 당신과 당신의 자녀도 기적인데 우리는 기다림 없이 받은 것을 기적이라고 여기지 않는다. 자기에게 일어난 기적이 기적인 줄 알려면 인내가 필요한 법이다.

인내는 그 인내만큼 하나님의 약속을 내가 소중하게 여긴다는 것을 증명한다. 내가 하나님의 약속을 나 스스로 얼마나 가치 있게 여기는지를 증명하는 작업이기 때문에 우리에게 인내가 필요한 것이다.

인내로 소중함을 배우고 가치를 증명한다

교단의 총회장을 지내신 어떤 목사님과 만났을 때였다. 우리 두 사람 다 교회를 개척하여 목회한지라 한 영혼의 가치와 소중함에 관해 이야기 나누며 감격을 나누었다. 그 감격과 감동은 개척해본 사람만 안다.

만약 내가 개척하지 않고 큰 교회의 목사로 청빙을 받아서 갔다면 한 영혼의 가치를 알았을까? '난 당연히 많은 영혼을 챙기고 목양할 자격이 있다'라고 생각하며 교만했을 것이다.

개척자는 아무리 시간이 흘러도 그런 마음이 들지 않는다. 나 역시 개척한 지 20년이 지났어도 항상 부족함을 느낀다. 얼마 전 아내에게 난 너무 자격이 없는 것 같다고, 뭐 하나 잘하는 게 없고 목회도 설교도 내가 하는 게 다 삼류 같다는 심정을 털어놓기도 했다.

어렵게 얻은 자리는 감사함을 느끼게 하지만, 쉽게 얻은 자리는 오히려 너무 당연히 여기며 교만하게 한다. 그래서 그 목사님이 하신 말씀이 지금도 가슴에 남아 있다.

"목사님이나 저나 이 자리에 있는 것이 얼마나 기적입니까. 우리가 쉽게 이뤘다면 얼마나 교만해졌겠습니까."

기다림으로 증명한 절실함

미국의 자동차 판매사원 조 지라드(Joe Girard)는 무려 13,001

대의 자동차를 파는 대기록으로 기네스북에 올랐고, 세일즈맨으로는 처음으로 헨리 포드와 나란히 미국 '자동차 명예의 전당'에 오르는 전설적인 자동차 판매왕이 되었다.

그런데 그 기록을 깨뜨린 더 대단한 자동차 딜러가 우리나라에 있다. 기아자동차의 판매왕 박광주 영업이사다. 미국에서는 자동차 세일즈맨이 여러 브랜드의 차를 다 취급하지만 이분은 기아자동차 단 한 브랜드만을 다루면서, 자동차 시장 규모가 미국과는 비교할 수 없이 작은 우리나라에서 13,507대를 판매하는 대기록 (2021년 말 기준)을 세웠다.

그의 첫 계약에는 이런 이야기가 있다. 어떤 분과 저녁 6시에 만나기로 해서 그 분의 집으로 시간 맞춰 갔는데 1시간, 2시간이 지나도 고객이 오지 않는 것이었다. '계약하지 않으려고 피하는 건 아닐까' 하고 갈등하면서도 밤새도록 대문 앞을 떠나지 않고 무작정 기다렸다.

그런데 새벽 4시쯤, 그 고객이 택시를 타고 와서 내렸다. 집으로 오다가 교통사고가 나서 그 사고를 수습하고 오는 길이라고 했다. 10시간 동안 계속 기다린 그를 본 고객은 미안한 마음에 곧바로 계약서에 사인해주었다고 한다.

박광주 씨가 그렇게 오랜 시간을 기다릴 수 있었던 것은 꼭 계약해야 한다는 간절함이 있었기 때문이다. 그 간절함과 진심이 고객에게도 전해졌기에 그 계약이 성사될 수 있었다.

돈을 넘어선 진심

우리 교회의 한 성도는 건설 현장 소장을 맡고 있다. 새롭게 맡은 공사 현장은 그가 부임하기 전에 전담 소장이 몇 번이나 바뀌었을 만큼 진척이 없는 곳이었다. 공사를 하려면 어떤 집 하나를 통과해야 하는데, 그 땅 주인이 도무지 내놓을 생각이 없어서 공사를 진행할 수 없었기 때문이다.

그런 가운데 신임 소장으로 온 이 성도가 땅 주인을 만나 보상금으로 얼마를 원하시냐고 물어보니 그는 현금 200억이 든 통장을 보여주며 "나는 돈 필요 없어. 그냥 여기서 살 거니까 당신들이 돌아가요"라고 했다. 그래도 그 집 하나 때문에 길을 돌아 공사할 수는 없었기에 이 성도는 그때부터 매일 땅 주인의 집을 찾아가 무작정 대문 앞에서 10시간씩 기다렸다.

매일 그러고 있는데 어느 날 땅 주인이 문을 슬쩍 열어주었고, 안으로 들어가 이런저런 이야기를 나누다 보니 땅 주인의 마음이 열려서 결국 땅을 양도하기로 했다고 한다.

어떻게 한 거냐는 물음에 그는 "모르겠습니다. '형님 형님' 하다 보니까 그냥 되던데요"라고 대답했지만, 그저 형님이라고 불렀다고 해결됐겠는가? 그의 절박함이 기다림으로 증명되고, 그 간절한 기다림에 '저 사람이 이건 반드시 해야 하겠구나' 하며 땅 주인의 마음이 움직였을 것이다.

그 기다림과 인내가 그 일의 가치를 증명했다. 이처럼 인내는 기적이 기적임을 알게 하고, 하나님께서 내게 주신 약속과 소망의 가치를 나 스스로 증명할 기회를 준다.

* * *

이 시대는 오래 기다리지 못한다. 피자 배달이 30분을 넘기거나 택배가 이틀이 지나도록 도착하지 않으면 큰일이 난 것처럼 행동한다. 당신은 과연 얼마나 인내하며 기다리는가?

예전의 아날로그 감성은 "종로서적 앞에서 만나자", "시계탑 앞에서 만나자"라고 했으면 상대방이 언제 올지 모르더라도 묵묵히 기다렸다. 다방에 앉아서 성냥개비로 탑을 쌓는 장면이 이와 같은 기다림의 풍경에서 나온 것이다.

사랑하는 사람을 기다릴 때는 몇 시간이 아깝지 않다. 천 년도 기다릴 수 있다. 사랑하는 연인을 기다리는 것 자체가 즐거움이기 때문이다. 이게 '가치'다. 사랑하는 사람을 기다릴 때 그 기다림마저도 감사할 수 있는 데서 가치를 읽는 것이다.

하나님은 그분이 내게 주신 소망을 내가 값지게 여기기를 바라시며 "네가 진짜 내 약속을 이토록 가치 있게 여기느냐?"라고 물으신다. 당신에게 전도는 소중한가? 맡겨진 사역이 소중한가? 자녀의 문제가 소중한가? 진로의 문제가 소중한가? 만남의 복이 간절한가? 그것 때문에 얼마나 애가 타며, 그것을 위해 얼마나 기다릴 수 있는가?

기다림은 내가 그것을 바라보는 가치다. 내가 생각하는 것의 가치는 "내가 이것을 이토록 소중하게 여깁니다"라는 기다림으로 증명하는 것이다. 그러므로 하나님께서 맡겨주신 것을 정말로 가치 있게 생각한다면 인내로, 기다림으로, 견딤으로 대가를 지급하고, 당신이 그것을 얼마나 소중히 여기는지를 하나님께 증명해보여라!

서로 마음을 붙들어주라

너희도 길이 참고 마음을 굳건하게 하라 주의 강림이 가까우니라 약 5:8

모든 지킬 만한 것 중에 더욱 네 마음을 지키라 생명의 근원이 이에서 남이니라 잠 4:23

인내할 수 있기 위하여 성경은 마음을 굳건히 해야 한다고 말씀한다. 마음을 굳건히 하는 것은 마음을 지키고 붙든다는 뜻이다. 마음을 지키지 못하면 인내하기 어렵다. 상황과 환경에 영향을 받아서 내가 마음을 붙들지 못하고 흔들리면 기다릴 수 없다. 마음을 붙들어 굳건히 해야 한다.

"굳건하게 하라"에 해당하는 헬라어 '스테릭사테'(받침,지지)의

원형인 '스테리조'에는 '받치다, 지지하다, 힘을 돋우다'라는 의미가 있다. 이 말은 가장 오래된 헬라어 번역본 구약성경인 '70인역'에서 출애굽한 이스라엘이 아말렉과 싸울 때 아론과 훌이 모세의 손을 받쳐주고 지지하던 것과 의미가 같다.

> 모세의 팔이 피곤하매 그들이 돌을 가져다가 모세의 아래에 놓아 그가 그 위에 앉게 하고 아론과 훌이 한 사람은 이쪽에서, 한 사람은 저쪽에서 모세의 손을 붙들어 올렸더니 그 손이 해가 지도록 내려오지 아니한지라 출 17:12

팔을 들고 기도하던 모세가 피곤하여 그 팔이 내려오자 아론과 훌이 돌을 가져다가 모세를 앉히고 양쪽에서 그 손을 붙들어 올렸다. 여기서 "붙들어 올렸더니"에 해당하는 히브리어 '타마크'가 앞서 '마음을 굳건하게 하다'에 해당하는 헬라어 '스테리조'와 같은 의미다.

그리고 손을 붙들어 올린 결과 그 손이 "내려오지 아니"하였는데 이 말에 해당하는 '에무나'는 8장에서 설명한 것과 같이 견디고 버티는 '믿음'을 뜻하기도 한다.

야고보서 5장 말씀과 출애굽기 17장 12절 말씀에는 거의 같은 가치가 담겨 있다. 즉, 믿음을 지키기 위해서는 내 마음을 스스로 온전히 지켜내는 것도 중요하고, 누군가가 나를 붙들어주는 것도 중요하다는 것이다.

우리는 연약한 인간이기 때문에 나 혼자서는 마음이 흔들리기 쉽고, 그 흔들림 때문에 생명의 근원이 되는 마음을 굳건히 지키지 못하고 놓치기도 한다.

하지만 그런 가운데서도 예배와 말씀이 당신의 손을 붙들어 올리고 교회 공동체가 서로 의지하며 버팀목처럼 서로의 삶을 받쳐 준다면 그 마음은 흔들리지 않고 견뎌낼 수 있다. 이게 바로 교회의 필요이고 예배의 중요성이며 선포된 말씀의 힘이다.

서로 지키고 붙들어주는 공동체의 힘

믿음은 기다리는 것이며 버티는 것이다. 끝까지 버텨낼 수 있도록 나를 붙들어주는 누군가의 팔, 그것이 바로 예배이고 말씀의 은혜이며 교회의 공동체다. 서로 연결된 싯딤나무처럼, 이 나무가 저 나무에 버팀이 되고, 또 저 나무는 이 나무에 버팀이 되어 서로서로 연결되어 지지하고 받쳐주며 함께 세워져 가는 것이 성막, 즉 교회의 모델 아니겠는가.

나 자신도 마음을 잘 지켜내야 하지만, 하나님께서 주신 이 수많은 지지와 받쳐줌의 도구도 잘 사용해야 한다. 교회 공동체, 예배, 말씀, 주의 은혜, 성도의 교제를 통해서 우리는 흔들릴 수밖에 없는 마음을 다시금 견고하게 붙들고 끝까지 인내해야 한다.

20년 전의 사업 실패로 69억의 빚을 진 가수 이상민 씨가 그동안 '빚쟁이', '거지' 콘셉트를 잡아서 열심히 일한 결과 결국 그 빚을 다 갚았다고 한다. 그는 빚을 다 갚자마자 형님을 찾아가서 홍삼과 명품 신발 한 켤레를 선물했는데, 그가 큰 빚을 지고 자기 인생은 완전히 끝났다고 여겨 극단적인 생각을 할 때, 유일하게 자기를 붙잡아준 분이라고 한다.

사람들은 대개 담보가 있고 저당 잡힐 게 있어야 믿어준다. 하지만 그 형은 '이상민'이라는 존재를 믿어주고, 오히려 독촉하는 다른 채무자에게 이상민의 보증까지 서며 20년을 기다려주었다. 그러니 이상민에게 그 형이 얼마나 고마웠겠는가.

이런 모습이 오늘 우리 삶 가운데에도 참 필요하다. 누군가의 따뜻한 격려와 배려, 포기하지 않고 끝까지 기다려주는 마음이 어떤 사람의 인생을 바꿀 수도 있다.

사실 우리를 보면 한 사람 한 사람이 얼마나 저당 잡힐 것도 담보물도 하나 없는 초라한 인격이고 영혼인가. 그런 자기 모습을 진정으로 안다면 다른 사람을 볼 때 기다려줄 수 있다. 마음 같아서는 당장 파산 선고를 내리고 싶어도 한 번 더 믿어주고 묵묵히 붙들어줄 수 있다.

우리 인생에 이런 버팀목 같은 사람이 한 명이라도 있으면 정말 행복하지 않겠는가? 그 행복을 우리의 가정과 교회, 공동체에서 찾을 수 있으면 참 좋겠다.

인생을 너무 복잡하게 만들지 말고, 너무 까칠하게 아웅다웅하며 살지도 말자. 그건 나 자신을 피곤하고 불행하게 만드는 것이다. 행복하게 살라. 당신은 충분히 잘할 수 있다.

쓰러지고 절망하여 이제 끝났다고 다 포기하려는 누군가에게 다시 한번 일어날 버팀목이 되어주어라. 누군가의 마음이 떨어지지 않도록 굳건하게 붙잡아주는 지지대가 되어주면 좋겠다.

구하고 찾고 두드리는 것도 열심히 해야 하지만, 구하고 찾고 두드림의 전제가 되는 인내도 꼭 필요하다. 인내하기 위해서는 마음을 굳건히 해야 한다. 다시 말하지만, 나 스스로 마음을 온전하게 지키는 것도 중요하고, 누군가가 내 마음을 붙들어주는 것도 중요하다.

주저앉으려는 마음을 일으켜 세우고 서로의 마음을 붙들어주는 것이 예배와 신앙생활 가운데 지속되며 선순환이 일어나야 한다. 기적에 필요한 인내를 포기하지 말고, 내 마음도 꼭 붙들고 누군가의 마음도 붙들어주는 인생과 공동체가 되기를 간절히 바란다. 또한 이 책으로 나누는 말씀이 당신에게 지지대가 되고, 인생을 붙들어주는 버팀의 힘이 될 수 있기를 소망한다.

원망과 불평은 내게서 비롯되는 문제다

형제들아 서로 원망하지 말라 그리하여야 심판을 면하리라 보라 심판주가 문

인내하려면 인내를 파괴하는 원망과 불평을 경계해야 한다. 원망과 불평은 인내하지 못하게 만드는 방해물이다. 야고보서 기자는 서로 원망하지 않아야 심판을 면할 것이라며 심판주가 문밖에서 계신다고 말한다. 우리가 심판이 아니라는 것이다.

2024 사우디 슈퍼컵 준결승에서 크리스티아누 호날두가 상대편 선수와 몸싸움을 벌이며 팔꿈치로 가슴을 가격했는데, 심판이 레드카드를 꺼내 들자 주먹을 들어 올리고 심판을 위협하는 행동을 보여 논란이 되었다. 그는 결국 퇴장당하고 동료들의 힘을 빼서 챔피언스리그에서 팀이 탈락하는 수모를 안겼다.

분노와 불평의 원인은 심판의 판정이나 상대방의 행동이 아니라 그의 교만함에 있었다. 원망과 불평, 분노는 그것이 교만에서 비롯된다는 데 근본적인 문제점이 있다.

심판의 오프사이드 판정에 손가락을 내저으며 항의하고, 레드카드를 받자 주먹을 날리려 하는 호날두의 교만한 모습이 우리의 영적 모습에도 있다. 하나님이 심판주이신데 우리가 뭐라고 호루라기를 불고 주먹을 치켜든단 말인가.

동네 축구에서는 경기하다가 수비가 뚫리면 선수들이 "아, 오프사이드!" 하면서 다들 돌아서 버린다. 그러면 심판이 마지못해 호루라기를 불어준다. 이런 조악한 행동은 동네 축구에서나 하는 짓이다. 하나님께서 심판의 호루라기를 부실 때는 우리가 거기에 맞춰야 한다. 그렇게 하지 않는 것은 내가 하나님 자리에 오르려는 교만이다.

또한 불평과 원망은 내 문제지, 상대방의 문제가 아니다. 내가 교회를 처음 개척했을 때 이상하게 누나, 여동생과 자꾸 부딪쳤다. 만날 때마다 나를 무시하는 것 같아서 짜증이 났다.

누구한테 져본 적 없이 살았는데, 아무것도 없이 개척하면서 삶이 고되고 척박하다 보니 누가 한마디 하는 것도 바로 상처가 되어 날을 세웠고, 그러면 누나와 여동생은 "왜 그래? 누가 뭐래?" 하면서 싸움이 되곤 했다.

세월이 지나고 생각해보니, 그들이 나를 모욕하거나 악하게 군 것이 아니라 내가 하염없이 미성숙했던 거였다. 내 모든 불평과 원망과 분노와 혈기의 근원지는 내 미숙함이지 다른 사람이나 상황의 문제가 아니었다.

내 마음이 넉넉해지고 나니 정말 누가 나를 안 좋게 생각하더라도 "그래요?" 하고 의연히 넘길 수 있게 되었다. 그들이 변화되고 좋아져서 내가 품는 게 아니었다. 내 마음이 크고 넉넉해지니까 그 정도는 충분히 담을 수 있게 된 것이다.

원망과 불평은 망하는 지름길이다

서로 원망하지 말고, 원망에 동조하지도 말아야 한다. 불평과 원망을 하는 것은 물론 동조하는 것도 망하는 지름길이다. 자녀가 불평하거든 부모는 맞장구치지 말고, 그 정도는 품고 담을 수 있는 넉넉한 그릇이 되게 해달라고 기도해줘야 한다. 불평을 받아주면 똑같이 불평하는 인생이 된다.

아버지로서 자녀를 존중하며 자유롭게 양육하면서도 나는 자녀의 불평과 원망만큼은 절대로 허용하지 않았다. 이것을 들어주고 맞장구쳐주는 것은 자녀를 위한 행동이 아니고 오히려 그들을 망치고 내 손으로 불행의 구덩이에 넣는 것과도 같다. 결코 자녀 사랑으로 착각해선 안 될 어리석은 행동이다.

내 아이들도 목회자의 자녀로서 불평하고 싶은 상황이 많았겠지만, 나는 사탄의 전략인 불평과 원망을 절대로 허용하지 않고 대신 이렇게 대화하며 이끌어주었다.

"나는 네가 죽을 때까지 맨날 자기 문제, 자기 집안일 하나 갖고 와서 자잘하게 기도하다 가는 수준 낮은 인생이 아니라 차원이 다른 수준의 인생을 살도록 너를 큰 그릇으로 만들 거야. 너도 영적인 삶을 살면서 사회와 시대 가운데 기여하고, 다음세대에게 유산을 물려주고, 수많은 사람을 품고 담을 수 있는 큰 그릇이 되고 싶지?"

"네, 아버지."

"그렇다면 불평과 원망 대신 이 시간에 더 단련되고 다듬어져야 하는 거야. 인내를 배우고 성숙해져야 하는 거지."

그리고 자녀를 위해 항상 "하나님, 불평하고 원망하는 인생이 되지 않고 넉넉한 인성과 인격을 갖춘 인생이 되게 해주세요"라고 기도해준다.

세상에는 성공하여 사회에 기여하며 살아가는 사람도 있고, 가족 구성원에게조차 아무것도 기여하지 못하고 도움만 받으며 살아가는 비기여형 사람도 있다. 이 두 부류의 언어 습관을 비교한 책을 보니 전자는 '그래도'라는 말을, 후자는 '때문에'라는 말을 많이 쓴다고 한다.

불평과 원망을 달고 사는 사람은 하나님나라는커녕 공동체와 주변 사람에게 전혀 도움이 되지 않는 비기여형 인간이 되지만, 인내의 세월 동안 그릇을 키우고 불평과 원망의 전쟁에서 승리한 사람은 원대한 꿈을 꾸고, 하나님나라와 그분의 뜻을 위해 기도하며 멋있게 살아간다.

자녀들과 대화하면서 그 아이들이 "그래도 이런 건 잘하잖아요", "잘하지는 못했지만, 그래도 잘하려고 노력할게요", "아쉽고 부족하지만, (그래도) 아직 젊잖아요" 이렇게 '그래도'라는 표현을 많이 쓰며 불평하지 않는 것을 들을 때마다 이게 리더이고 큰 그릇이라고 진심으로 칭찬해주곤 한다.

원망은 성도의 힘을 빼는 사탄의 전략이다

출애굽기 17장에서 광야로 들어선 지 얼마 안 되는 이스라엘 백성이 아말렉과 싸워 이겼다. 430년 동안 노예로 산 그들은 아말렉과 싸울 조직력도 없고 군사 훈련도 받지 못해 오합지졸 같은 상태였지만 하나님과 연결되자 가장 강력해졌다.

출애굽 이후의 광야 생활은 하나님의 은혜로 죄와 사망의 권세에서 건짐을 받고 천국 백성이 되기까지의 인생과 신앙을 보여주는 모델이다. 이때는 뭔가 열심히 계획을 세우거나 전략적으로 훈련해서 전투력을 높여야 하는 게 아니다. 하나님과 연결되어 있기만 하면 그 어느 때보다 강력해진다.

그럼 반대로 가장 초라하고 비참해질 때는 언제였을까? 하나님과 떨어질 때였다. 하나님의 은혜와 전적인 권능으로 애굽에서 탈출한 이스라엘 백성은 불평과 원망으로 하나님과 멀어진 채 결국 가나안이라는 복된 약속의 성취를 보지 못하고, 광야에서 고생만 하다 자멸했다.

불평과 원망은 우리를 하나님에게서 떨어뜨리고 단절시키기 위한 사탄의 전략이다. 이것은 마치 슈퍼컴퓨터의 코드를 빼는 것과 같다. 슈퍼컴퓨터의 성능이 아무리 좋아도 전기 코드를 빼면 아무것도 아니듯, 성도는 하나님과 연결이 끊어지면 가장 무능하고 무기력한 인생이 되고 만다.

불평과 원망을 할 때는 기운이 솟구치고 말도 막 나오지만 집에 돌아가면 힘이 쭉 빠지고 말하기도 싫을 만큼 지친다. 몇 시간을 불평하고 떠들었으면 무슨 대안이라도 나와야 할 텐데 제대로 된 결론도 나오지 않는다. 이렇듯 불평과 원망은 성도의 힘을 빼놓는다. 하나님과의 연결이 끊겨 힘이 공급되지 않기 때문이다.

반면, 기도는 할 때는 무릎도 아프고 진땀도 나고 힘들지만 놀랍게도 집에 가면 힘이 솟는다. 영적 공급이 이루어지기 때문이다. 이것이 기도의 능력이며 불평, 원망과는 완전히 다른 점이다. 그 사실을 알기에 마귀는 우리 힘을 빼놓으려고 시험에 들게 하여 실족시키고, 불평을 끄집어낸다. 마귀의 전략은 항상 '없는 것'만 보고 불평하게 하는 것이다.

광야 생활이 힘들다 해도, 생각해보면 감사한 일이 많다. 반석에서 생수가 나고, 아침마다 만나가 내리고, 옷이 해어지지 않고 발이 부르트지 않고 신발이 닳지 않는 것, 200만 명 넘는 무리가 행진하는데 전갈과 불뱀에 물린 사람이 한 명도 없는 것은 참 놀라운 일 아닌가?

그런데도 이스라엘 백성은 그 은혜는 다 잊고 "나만 생선이 없어", "우리 집만 오이와 참외가 없어", "우리 교회만 부추와 파가 없어"라며, 없는 것과 부족한 것만 가지고 아우성친다.

설령 부족한 게 보여도, 하나님이 주신 것을 보고 그분께 연결되려고 노력하면서 내 마음을 굳게 지켜내야 한다. 계속 공급되는 하나님의 은혜를 당연하게 생각하지 말라. 하루아침에 끊어져서 더 이상 누릴 수 없게 될 수도 있다는 말이다.

평탄한 길과 고난을 잘 지나가는 법

고기의 탄 부분을 많이 먹으면 암에 걸린다고 끄트머리의 탄 부분을 가위로 오려내고 먹는 사람이 있다. 불평과 원망을 달고 사는 사람은 탄 고기를 오려내고 유기농 야채를 먹으면서 담배를 피우는 사람과도 같다.

불평과 원망은 성도를 하나님과 갈라놓고, 힘을 빼서 인내의 길을 가지 못하게 방해하려는 사탄의 전략이며, 심판주 하나님의 자리를 내가 대신하려 드는 교만의 산물이다. 내가 심판을 자처하며 판정 내린 결과가 불평과 원망이고 비난과 뒷담화다.

하나님이 평탄한 길을 주시고 보호해주실 때는 조금도 감사하지 않다가 상황이 어려워지면 불평하고 원망하는 사람이 되지 말라. 당신이 지금까지 살아온 수준이 아닌 다른 차원과 수준의 인생으로 나아갈 기회를 얻길 진심으로 바란다.

인내는 하나님께서 우리에게 허락하신 놀라운 축복과 은혜로 나아가게 하는 통로다. 고난 중에 불평과 원망으로 마음이 흔들려서 이 인내의 통로를 망가뜨려선 안 된다. 아니, 오히려 확장해야 한다.

하나님의 약속을 소망으로 품은 자는 평탄한 길을 만났을 때는 감사하고 찬송하며, 고난의 시간을 원망과 불평 대신 기도로 채운다. 우리 인생은 고난의 때에 기도하고 평탄할 때 찬송하는 투 트랙(two track, 정치나 경영 등에서 어떤 일을 처리하기 위한 두 가지 경로)을 계속 잘 지나가면 된다. 그러면 어느덧 하나님의 약속과 소망에 도달할 것이다.

chapter

12

순종했는데
왜 이런 일이?

여호와께서 아브람에게 이르시되 너는 너의 고향과 친척과
아버지의 집을 떠나 내가 네게 보여 줄 땅으로 가라 그 땅에
기근이 들었으므로 아브람이 애굽에 거류하려고 그리로
내려갔으니 이는 그 땅에 기근이 심하였음이라

창 12:1,10

하나님이 어떤 성도 또는 가정에 말씀을 주시고 주님의 뜻을 보이셨는데 그게 내가 볼 때는 이치로나 상황으로나 맞지 않는 것 같고, '저 분(가정)이 이 말씀으로 말미암아 얼마나 고민이 되고 힘들까' 싶어서 내 마음이 안 좋을 때가 있다.

그래도 하나님이 주신 말씀이기에 고민 끝에 결국 선포했는데 그가(그 가정이) 참 힘들 텐데도 자신의 처지와 형편을 이기고 관계와 감정이 휘둘리지 않으며 하나님 말씀에 순종하여 헌신과 희생을 결단하는 것을 볼 때가 있다. 그러면 목사로서 그들이 정말 존경스럽다.

그런데 그 힘든 헌신과 희생을 결단한 후에 오히려 어려움이 찾아올 때가 더러 있다. 그럴 때마다 나는 가슴이 아프고 목사로서 당황스럽다. 그들 자신도 그렇겠지만, 나 또한 하나님께 "하나님, 도대체 왜 그러세요? 도대체 왜 이러시는 겁니까?"라고 질문하고 싶을 때가 한두 번이 아니다.

하나님의 뜻이 분명하고, 그 뜻에 순종했는데도 형통하기는커녕 오히려 더 큰 고난을 만나는 날들이 있다. 어려운 것은 물론이고, 이해가 되지 않아 참 당황스럽기도 하다. 이럴 때 어떻게 반응해야 할지, 나의 어떤 것을 돌아보고 점검해야 할지를 함께 생각해보려고 한다.

순종 후에 만난 기근

아브라함은 우리 수준으로는 이해할 수도, 감당할 수도 없는 하나님의 명령을 받았다. 75세의 나이에 갑자기 평생 일궈놓은 모든 재산을 정리하고, 모든 관계와 친숙함이 있는 고향을 떠나 가나안 땅으로 가라는 것이다.

결국 아브라함은 그 명령에 순종하는 어려운 결단을 해냈는데 그리고 나서 맞닥뜨린 사건은 바로 심한 기근이었다. 게다가 그 기근 때문에 아브라함이 애굽에 거류하려고 그리로 내려갔다고 한다. 보통 기근이 아니라, 먹고살 수 없어서 그 땅을 버리고 애굽으로 가야 할 정도의 큰 기근이라는 것이다.

> 그 땅에 기근이 들었으므로 아브람이 애굽에 거류하려고 그리로 내려갔으니 이는 그 땅에 기근이 심하였음이라 창 12:10

이해되는가? 하나님 말씀에 순종해서 한평생 이루어놓은 목초지와 파놓은 우물, 정든 관계 다 내려놓고 떠났으면 '과연 내가 순종하길 잘했구나!'라는 마음이 들도록 좋은 일이 일어나야 할 텐데, 그가 가나안 땅에 정착하자마자 기근이 들었다.

우리 인생에도 이런 일이 일어난다. 하나님의 뜻에 순종하고 하나님의 계획에 "아멘" 하여, 다른 사람들이 기피하는 길을 걸어왔건만 오히려 더 큰 아픔과 절망의 기근이 내 앞에 버티고 있을 때가 있다.

이때 잘해야 한다. 하나님 말씀과 뜻대로 순종하는 중에 기근이 찾아왔을 때의 반응이 우리의 진짜 믿음이기 때문이다.

하나님의 뜻대로 반응하고 순종하면 내 앞에 꽃길이 놓일 것이라고 착각해서는 안 된다. 많은 신앙인이 바로 이것 때문에 넘어졌다. 많은 사람이 '내가 하나님의 말씀과 계획에 순종하면 무조건 좋은 일만 있겠지, 이건 하나님의 뜻이니까 무조건 잘 되겠지'라고 생각하는데, 그렇지 않을 때가 더 많다.

우리의 슬픔과 절망은 영적 오해에서 비롯될 때가 많다. 하나님의 뜻과 계획을 제대로 이해하지 못해서 불평과 원망이 시작되는 것이다. 이해되지 않는 하나님의 이끄심과 명령에 답답해져서 대체 왜 이러시냐고 불평이 터져나오기도 한다.

"하나님, 저한테 도대체 왜 이러세요? 약속과 다르잖아요. 복을 주신다고 하셨는데 왜 제 인생에 기근을 주십니까? 하나님의 뜻대로 살려고 하는데, 어째서 더 힘들어지고 아픕니까?"

'행복'의 반대말은 '불행'이 아니라 '불만'이라는 말이 있다. 그때 원망과 불평을 터뜨리는 대신 하나님의 뜻을 이해하도록 애쓰며 그분의 도우심을 구하고, "하나님의 뜻을 이해할 수 있도록 지혜를 주세요. 하나님께서 이해시켜주실 때까지 기다릴 힘을 주세요"라고 기도하면 좋겠다.

기근을 극복하기까지 오래 참고 인내하라

하나님의 뜻대로 순종했을 때 찾아온 기근을 극복하고 이기기 위해 두 가지가 필요하다. 첫 번째는 끝까지 가서 그 끝을 보는 것이고, 두 번째는 나의 끝을 보는 것이다.

끝을 보려면 끝까지 가야 하는 것은 당연한 이치다. 중도에 포기하고 돌아서면 '여호와 이레'의 하나님께서 예비하신 놀라운 섭리와 계획을 맛볼 수 없다.

순종 직후에 찾아온 기근만 보면 아브라함은 실패한 듯하고, 하나님을 원망하고 불평할 수밖에 없는 것 같다. 하지만 우리는 아브라함의 인생에서 이 기근이 끝이 아님을 잘 알고 있다.

12장의 떠남과 기근, 애굽 사건 후에 13장은 곧바로 "아브람이 애굽에서 그와 그의 아내와 모든 소유와 롯과 함께 네게브로 올라가니 아브람에게 가축과 은과 금이 풍부하였더라"(창 13:1,2)로 시작한다. 심지어 6절에서는 그에게 얼마나 재산이 많았던지 조카와 동거할 수 없을 정도였다고 나온다. 그 후로도 계속 큰 축복이 그를 기다리고 있음을 우리는 알고 있다.

하나님이 아브라함에게 약속하실 때에 가리켜 맹세할 자가 자기보다 더 큰 이가 없으므로 자기를 가리켜 맹세하여 이르시되 내가 반드시 너에게 복 주고 복 주며 너를 번성하게 하고 번성하게 하리라 하셨더니 그가 이같이 오래 참아 약속을 받았느니라 히 6:13-15

하나님께서 "내가 반드시 너에게 복을 주고 너를 반드시 번성하게 하겠다"라고 약속하셨으나 그 복과 번성 전에 기근이 찾아온다. 아브라함은 기근이 없어서 그 복을 누린 것이 아니다. 실패와 낙심이 없어서 하나님이 약속하신 축복과 번성의 주인공이 된 것이 아니다. 성경은 아브라함이 어떻게 축복을 얻고 누렸다고 말씀하는가?

"그가 이같이 오래 참아…"

끝까지 참아야 약속을 받는다. 말씀을 듣기만 하고 축복의 선포만 하는 자가 아니라, 약속과 축복을 받아 누리는 자가 되어야 하는데 그것을 누리기 위한 필수 요건이 인내다.

아브라함의 후손인 우리 인생도 다르지 않다. 지금은 기근을 만나서 사망의 음침한 골짜기를 지나고 있을지라도 반드시 끝이 있다. 하나님께서 나를 위해 예비하신 푸른 초장으로 끝까지 가야 하지 않겠는가?

멈출 뻔했던 발걸음을 다시 한번 내딛어라. 절망하여 주저앉아 포기할 뻔했던 당신의 인생을 다시 일으켜 세워라. 끝을 보기까지 포기하지 말고 달려가라. 신앙은 후진기어가 없다. 오직 전진만 있을 뿐이다. 믿음은 끊임없이 전진하는 것이다.

내 자아가 끝나야 하나님이 일하신다

하나님께 순종했을 때 찾아온 기근을 극복하려면 일의 결말을 보도록 끝까지 갈 뿐만 아니라 내 자아도 끝나서 나의 끝을 봐야 한다. 그래야 하나님의 역사가 시작되기 때문이다.

나는 "사람의 끝은 하나님의 시작입니다"라는 말을 참 좋아한다. 사람이 끝나지 않은 곳에 하나님의 역사가 시작되는 법이 없다. 내 자아와 경험, 지식과 생각이 깨져야 하나님의 역사가 시작된다. 하나님은 경계를 나누길 원하신다. 구분하지 않고 섞이는 것을 싫어하시기 때문에 인간이 마음대로 일해둔 곳에서는 역사하지 않으신다.

그래서 똑똑한 사람일수록 자신을 끝내는 작업이 오래 걸린다. 이성적이고 논리적인 사람, 합리적이며 효율을 따지고 인본주의적 계산이 복잡한 사람은 자아가 깨지기까지 오래 걸리기 때문에 하나님의 역사가 좀처럼 일어나지 않고 기근이 오래 이어진다.

아브라함이 하나님의 말씀에 순종하여 그 정든 모든 것을 버리고 가나안 땅으로 갔다. 얼마나 대단한가. 마치 믿음의 완결을 이룬 사람 같다. 하지만 그의 자아는 여전히 살아 있었다.

기근이 들어 애굽으로 내려간 아브라함은 애굽에 가까이 이르렀을 때, 그의 아내 사라에게 이렇게 말했다.

> … 내가 알기에 그대는 아리따운 여인이라 애굽 사람이 그대를 볼 때에 이르기를 이는 그의 아내라 하여 나는 죽이고 그대는 살리리니 원하건대 그대는 나의 누이라 하라 그러면 내가 그대로 말미암아 안전하고 내 목숨이 그대로 말미암아 보존되리라 하니라 창 12:11-13

중동, 근동의 문화를 바탕으로 해석하면, 그들이 내 아내를 취하고 나를 죽일 수 있으니, 아내를 누이라고 말하여 그들이 원하는 대로 내어주겠다는 뜻이다. 이게 자아다. 기근을 만나니 자기의 자아가 드러나서 사람의 방법이 나온다. 하나님의 계획이 있는데도, 사람의 계획과 생각이 또 앞선다.

신앙의 여정은 '믿고' 가는 길이다. 온전히 이해하지 못하고 납득할 수 없더라도 오직 그분을 신뢰하며 가는 길이다. 신앙의 여정에서 가장 큰 함정이자 방해물은 다름 아닌 내 뜻과 생각과 계획이다.

이렇듯 자아가 살아서 자기를 의지하고 얄팍한 수단과 방법으로 살아가는 사람에게 하나님은 기근을 주셔서 "너의 자아가 아직 살아 있어"라고 알려주시고, 꺾으신다. 그렇기에 기근이 필요하다. 기근을 통해 내 자아와 생각이 깨지기 때문이다.

기근은 내 노력과 이성으로 가득 찬 자아를 하나님께서 완전히 지우고 다시 시작하시는 것이다. 하나님께서 일하시고, 일하셨다는 것을 보여주는 작업이다.

내 자아가 끝나지 않으면 기근은 기근으로 끝난다

하나님이 내 인간적 자아를 깨뜨려서 그분의 역사와 구분하시려고 기근을 주셨는데, 그 기근이 힘들다고 해서 인간적인 방법으로 피하려고 하면 안 된다. 그런 사람은 하나님의 역사를 경험할 수 없다.

울산으로 내려와 개척한 후 다섯 번의 교회 건축을 했는데 매번 얼마나 어려웠는지 이루 말할 수 없다. 목회 10년 차에 하나님께서 지금의 성전 건축 명령을 내리셨는데, 그때는 너무도 힘들고 버거워서 1년간 주저했다.

결국 주님의 뜻을 따라 성전을 건축하기로 했는데, 그 순종 후에 모든 일이 순탄하게 풀렸다면 얼마나 좋겠는가. 하지만 현실은 녹록지 않았다. 고독하고 외로운 그 길을 나 홀로 감당하면서 도망치고 싶었던 적이 한두 번이 아니었다. 죽고 싶을 만큼 힘든 상황에 이런 말이 절로 나왔다.

"하나님, 도대체 저한테 왜 그러세요? 하나님이 시키셨잖아요. 하나님이 명령하셔서 했는데, 왜 사람들은 다 떠나가고 이토록 힘든 일만 계속 생깁니까?"

끝이 보이지 않았지만, 끝까지 버틸 힘을 달라고 기도했다. 앞으로 목회가 35년 더 남았는데 내가 여기서 타협하거나 인간적인 방법으로 도망친다면 남은 35년을 삯꾼으로 살겠구나 싶었다. 그래서 '하나님의 말씀에 순종하다가 이곳에서 망할지언정, 이건 값싼 수업료다. 망해도 하나님 뜻대로 망하고 하나님이 시키는 대로 망하자. 그게 세상 사람들 눈에는 커 보여도 나에게는 나머지 35년을 하나님의 뜻대로 살 수 있는 값싼 수업료다'라고 생각하며 끝까지 순종했다.

상황과 환경, 관계의 처절한 기근 속에서 나의 끝을 만나고 내 자아를 깨뜨렸더니 결국 하나님의 역사가 시작되었다. 끝나지 않을 것만 같던 서럽고 오랜 기근이 끝나고 귀한 성도들을 만나게 된 것이다.

기근을 만났는데도 내 생각과 계획이 여전히 살아 있는가? 자아가 깨지고 내가 끝나는 시간을 봐야만 해결된다. 내가 끝날 때 비로소 하나님의 역사가 시작된다.

이해되지 않는 고난의 시간은 불평과 원망으로 채울 것이 아니라 내 자아를 깨는 시간으로 삼길 바란다. '내 힘으로는 안 되는구나. 내가 한 게 아니구나' 하고 깨달음으로써, 그 기근 가운데 내가 깨지고, 내 자아와 내 생각이 하나님의 역사를 가로막는 함정이었음을 인정해야 한다.

사람의 끝은 하나님의 시작이다. 기근 가운데 사람이 끝나지 않으면 하나님의 역사가 시작되지 않아서 기근이 기근으로, 의미 없고 가치 없는 고생으로 끝나고 만다. 그러지 않도록, 내게 찾아온 기근의 시간이 하나님의 계획임을 깨닫고 내 자아가 깨지는 귀한 시간 되게 하라.

성전 재건이 중단된 진짜 이유

바벨론 포로 귀환 후 하나님은 이스라엘의 영적 심장이자 여호와 신앙의 지표였던 예루살렘 성전의 재건을 명령하셨다. 이는 하나님의 뜻과 계획이 틀림없으니 그 명령대로 행하기만 하면 당연히 잘돼야 하지 않겠는가? 그런데 성전 건축에 뜻밖의 문제가 생긴다.

> 사로잡혔던 자들의 자손이 이스라엘의 하나님 여호와의 성전을 건축한다 함을 유다와 베냐민의 대적이 듣고 … 이로부터 그 땅 백성이 유다 백성의 손을 약하게 하여 그 건축을 방해하되 스 4:1,4

"유다와 베냐민의 대적"이란 사마리아인을 가리킨다. 남유다에 앞서 앗수르 제국에 멸망한 북이스라엘 땅에는 앗수르의 통혼 정책에 의해서 혼혈이 된 사마리아인이 살고 있었는데 그들이 성전

재건 공사를 방해하고 중단시킨 것이다.

> 바사 왕 고레스의 시대부터 바사 왕 다리오가 즉위할 때까지 관리들에게 뇌물
> 을 주어 그 계획을 막았으며 ⋯ 이에 예루살렘에서 하나님의 성전 공사가 바사
> 왕 다리오 제이년까지 중단되니라 스 4:5,24

바사 왕 고레스부터 다리오 왕 제2년까지 약 15년 넘게 성전공
사가 중단되었다. 하나님의 말씀에 순종해서 시작한 성전 재건인
데 어째서 중단되었을까? 하나님과 이스라엘 백성들 사이를 가로
막는 것이 있었기 때문이다.

에스라는 하나님의 성전이 건축을 멈추게 된 것은 사마리아인
대적들 때문이라고 했지만, 동시대에 함께 사역했던 학개 선지자
에게 이러한 하나님의 말씀이 임했다.

> 여호와의 말씀이 선지자 학개에게 임하여 이르시되 이 성전이 황폐하였거늘 너
> 희가 이 때에 판벽한 집에 거주하는 것이 옳으냐 그러므로 이제 만군의 여호와
> 가 이같이 말하노니 너희는 너희의 행위를 살필지니라 학 1:3-5

여호와의 성전이 허물어져 있는데도 백성들은 판벽한 집에 살았
다. '판벽하다'는 '마루를 깔다, 판자를 덮다'라는 뜻인데 호사스
럽게 치장한 것을 가리키기도 한다. 자기 집을 꾸미고 자기 일에

바빠 하나님의 일을 남 일 보듯 했다는 것이다.

이렇듯 하나님과 백성들 사이에 막힌 것이 있었기에 하나님께서 사마리아를 통해서 성전 건축을 중단시키신 것이다. 하나님을 배신하고 죄의 길로 간 이스라엘 민족에게 회초리로 사용되었을 뿐, 사마리아인은 주체가 아니었다. 그러니 사마리아 때문에 억울하다고 그들과 싸울 일이 아니다.

기근 끝에 주어진 축복

15년이 넘도록 지긋지긋하게 막힌 상황이 있는가? 그 상황과 문제와 싸우지 말고, 하나님과 나 사이를 막고 있는 것을 찾아라. 비방과 방해를 받고 막힐 때는 억울해하지 말고 내가 하나님 앞에서 온전한지를 살펴보고 회개의 기회로 삼자.

하나님과 나 사이에 막혀있는 관계만 풀리면 문제는 해결된다. 가장 중요하며 선행되어야 할 것은 하나님을 향한 신뢰의 회복과 무너진 관계의 재건이다.

기근이 끝나면 반드시 하나님의 축복이 기다리고 있다. 창세기 12장에서 기근으로 먹고살 수 없어 애굽으로 내려간 아브라함은 마지막까지 위기를 겪더니 13장으로 넘어오자 어떠한 설명도 없이 갑자기 부자가 되어있다.

바로가 사람들에게 그의 일을 명하매 그들이 그와 함께 그의 아내와 그의 모든 소유를 보내었더라 아브람이 애굽에서 그와 그의 아내와 모든 소유와 롯과 함께 네게브로 올라가니 아브람에게 가축과 은과 금이 풍부하였더라

창 12:20-13:2

나는 이 구절을 묵상하면서 큰 은혜를 받았다. '하나님의 역사는 설명이 필요 없구나! 그래, 하나님의 역사를 이해하려고 하지 말자.'

세상의 성공 법칙과 투자 계획은 복잡하다. 그래서 많은 사람이 성공 법칙을 공부하고 투자 설명회도 참여한다. 인간적인 방법의 성공은 설명이 필요하기 때문이다. 하지만 하나님의 축복은 느닷없고 갑작스럽다.

기근을 통해 아브라함은 자신의 방법이 하나님 앞에서 얼마나 미천한지를 깨달았다. 그런 그에게 하나님이 역사하셔서 살려주셨다. 결국 하나님이 하셨다. 하나님과 관계가 회복되자 그는 갑자기 부자가 되어있다(13장).

하나님의 역사와 축복은 설명이 필요 없다. 하나님과 나 사이를 막고 있던 자아가 깨어지고 하나님과의 관계가 풀리면, 복잡한 과정을 설명할 필요 없이 어려운 상황이 해결되고 13장의 축복을 누리게 된다.

인간적인 성공은 버거운 무언가를 '내가' 감당하고 해내야 하지

만 하나님이 주시는 축복과 일은 내가 하는 것이 아니라 그냥 '되어진'다. 하나님과의 관계 회복이 모든 해결의 열쇠이므로 그분과 나 사이에 막힌 것을 뚫고 허무는 것이 중요하다.

> 여호와의 손이 짧아 구원하지 못하심도 아니요 귀가 둔하여 듣지 못하심도 아니라 오직 너희 죄악이 너희와 너희 하나님 사이를 갈라놓았고 너희 죄가 그의 얼굴을 가리어서 너희에게서 듣지 않으시게 함이니라 사 59:1,2

'모든 승리'가 아니라 '최후 승리'

나를 향한 하나님의 크고 원대하신 꿈과 내 미약한 꿈이 충돌할 때, 우리는 하나님께 불평하고 절망한다. 하지만 기근과 환난은 내가 망하고 죽는 시간이 아니다. 내가 상상할 수도 없는 하나님의 놀라운 계획이 성취되는 귀한 시간이다.

인생의 기근을 만났을 때, "하나님, 왜죠? 저한테 도대체 왜 이러세요?"라며 불평하는 대신, "저는 어떤 상황에도 나의 목자이신 하나님을 믿습니다!"라는 신뢰와 감사의 고백을 올려드리기를 바란다.

기도의 사람 조지 뮬러는 "진정으로 하나님을 신뢰한다는 것은 상황과 환경을 뛰어넘는 것"이라고 말했다. 하나님을 진정으로 신뢰하는 것은 상황과 형편을 뛰어넘는다. 원치 않는 기근을 만나고 고난을 맞닥뜨렸을 때, 어떤 상황에서도 하나님을 기뻐하고 신뢰하며 걸어갈 수 있는 것이 참된 믿음이다.

쉽게 이해되는 상황, 누가 봐도 잘 풀리고 잘되어가는 삶의 한 가운데서 하나님을 믿고 기뻐하는 건 누구라도 할 수 있다. 이해할 수 없고 믿을 수 없는 환경과 처지에서도 하나님을 신뢰하며 불평하지 않는 것이 바로 진정한 믿음이다.

하나님은 우리에게 '모든 승리'가 아니라 '최후 승리'를 주셨다. 예수님을 믿고 교회를 다녀도 아픔과 어려움이 있고 실패하기도 한다. 때로는 넘어지고 쓰러질지라도 하나님은 우리에게 최후 승리를 주시려고 기다리시는 분임을 믿어야 한다. 그분을 신뢰하며 묵묵히 걸어갈 때, 마침내 터널 같은 당신의 인생, 그 어둡고 컴컴하던 인생은 끝이 나고 빛이 보일 것이다.

당신이 걷고 있는 사망의 음침한 골짜기는 동굴이 아니라 터널이다. 동굴과 터널은 똑같아 보인다. 그것을 걸어가는 과정은 두렵고 캄캄하며 고독하고 음침하다. 하지만 그 끝은 완전히 다르다. 동굴은 끝으로 갈수록 막혀있지만, 터널은 끝에만 도달하면 반드시 열려있다.

하나님 안에서 당신은 지금 동굴이 아니라 터널을 걷고 있음을 믿어야 한다. 사망의 음침한 골짜기의 끝에 반드시 푸른 초장과 쉴만한 물가가 나온다. 원망과 불평으로 멈추거나 낙심하여 뒷걸음질 치지 말고, 믿음으로 끝까지 전진하라!

chapter

13

한 줄 가능성으로
희망을 노래하라!

엘리사가 그에게 이르되 내가 너를 위하여 어떻게 하랴
네 집에 무엇이 있는지 내게 말하라 그가 이르되 계집종의
집에 기름 한 그릇 외에는 아무것도 없나이다 하니

왕하 4:2

요한 세바스찬 바흐가 작곡한 바이올린 연주곡 〈G선 상의 아리아〉의 원제는 〈바흐의 관현악 모음곡 3번 2악장〉이다.

독일의 바이올리니스트 아우구스투스 빌헬미(Augustus Wihelmi)가 〈바흐의 관현악 모음곡 3번 라장조〉를 다장조로 바꾸면서 2악장을 바이올린의 G현 하나로만 연주하도록 편곡한 것이다.

현재는 대중에 널리 알려져 원곡보다 〈G선 상의 아리아〉로 더욱 유명해졌다. 바이올린의 단 한 줄만을 사용해서도 이토록 아름다운 곡을 연주할 수 있다니, 놀랍지 않은가?

이렇게 한번 상상해보자. 세 줄이 다 끊어지고 한 줄만 남은 볼품없는 바이올린이 길가에 버려져 있었지만, 누구도 거들떠보지 않았다. 그런데 지나가던 한 연륜 있는 연주가가 버려진 바이올린을 집어 들어, 남은 G현 하나만으로 아리아를 연주한다면 얼마나 감동적인 일이겠는가?

하나님의 사람들도 이와 같은 인생이 아닐까? 전부 잃은 것 같을 때, 아직 남은 한 줄의 가능성으로 하나님이 희망을 연주하시는 인생이기 때문이다. 하나님은 늘 이렇게 한 줄의 가능성을 남기시고 길을 열어주셔서 다시 회복하고 승리하게 하는 분임을 잊지 않아야 하겠다.

너의 집에 무엇이 남아 있느냐

선지자의 한 제자가 빚을 진 채 세상을 떠났다. 그의 아내는 남편을 잃은 것도 황망한데 빚쟁이가 찾아와 두 아들을 종으로 끌고 가려 하는 암담한 상황에 놓였지만, 엘리사를 찾아가 어려움을 고백했고 그 결과 기적처럼 문제가 해결되었다.

홀로 남은 과부가 큰 빚을 진 데다 두 아들마저 종으로 빼앗길 상황이라면 사실상 끝장이 아니겠는가? 처참한 인생에 어떤 소망이 더 남아 있겠는가? 그러나 하나님은 엘리사의 입술을 통해 그녀의 가정에 희망을 선포하시며, 어려움에서 시선을 돌리게 하셨다.

"너의 집에 무엇이 남아 있느냐?"

이것이 바로 하나님의 음성이다. 내가 가진 것을 찾아 시선을 옮길 때, 하나님의 뜻과 명령대로 기름 한 병, 그 남은 하나의 가능성을 발견할 수 있다. 하나님은 이 사건을 통하여 "나의 백성들아. 제발 포기하지 말아라!"라고 외치신다.

무엇이 남아 있느냐는 물음에 여인은 "기름 한 그릇 외에는 아무것도 없나이다"(왕하 4:2)라며 절망했지만, 그 말에는 어폐가 있다. 아무것도 없다는 그 절망 앞에도 '기름 한 병'(새번역)이 남아 있었기 때문이다.

그 기름 한 병은 끝난 것 같았던 인생과 가정의 모든 문제를 해결해주시기에 충분했다. 하나님은 홀로 빚을 감당해야 하는 여인의 처참한 절망을 대변하는 그 초라한 기름 한 병을 오히려 희망의 단서, 역전의 발판으로 삼으셨다.

당신의 '기름 한 병', 아직 당신에게 남아 있는 그 한 줄의 희망은 무엇인가? 이 작고 초라한 인생으로 뭘 할 수 있겠냐며 희망을 잃고 자포자기하는 백성에게 하나님은 "그거면 충분하단다"라고 말씀하신다.

사람들은 삶에 회복이 일어나기 위해서는 더 좋은 환경과 형편의 개선이 필요하다고 생각한다. 그러나 사실은 마음의 시선이 어디를 향하는지가 가장 중요하다. 당신의 눈은 어디를 바라보는가? 부족한 것, 잃은 것만 바라보며 슬퍼하고 절망하는 인생에는 하나님의 기적이 일어나지 않는다.

시선을 돌려 당신의 인생을 한번 둘러보라. 하나님께서 남겨두신 '기름 한 병', 어떤 가능성과 희망이 어딘가에 틀림없이 남아 있을 것이다. 그것을 찾아내면 그것이 놀라운 기적의 재료가 되고 역사의 통로요 승리의 마중물이 된다.

아무것도 없다고 느껴지는가? 그것은 바로 마귀의 속임수다. 마귀는 우리를 절망에 빠뜨리려고 아무것도 남지 않았다고 말하지만, 하나님은 그렇지 않다고 하신다. 아직도 희망이 남아 있으니 절망하지 말라고 말씀하신다. 남은 인생의 한 줄로도 멋진 연주를 하겠노라고 약속하신다.

남은 자가 있다

엘리야는 갈멜산에서 바알과 아세라 선지자 850명을 물리쳤으며, 그의 기도로 3년 6개월 동안 비가 내리지 않았던 메마른 땅에 큰비가 쏟아지게 한 능력의 종이다. 하지만 그토록 대단했던 영적 지도자도 넘어질 때가 있다.

> 자기 자신은 광야로 들어가 하룻길쯤 가서 한 로뎀나무 아래에 앉아서 자기가
> 죽기를 원하여 이르되 여호와여 넉넉하오니 지금 내 생명을 거두시옵소서 나
> 는 내 조상들보다 낫지 못하니이다 하고 **왕상 19:4**

나는 사막을 쉽게 생각했다. 〈정글의 법칙〉이라는 TV 프로그램을 보며, 돈 주고도 여행을 갈 판인데 돈 받고 출연하면서 힘들어하는 연예인들의 모습을 이해하지 못했다.

그러다 호주 집회 후 아들들과 사막을 여행하고서 생각을 바꾸게 되었다. 괜찮겠냐고 걱정하는 아들들에게 "걱정마라, 아빠 뒤만 따라오면 된다"라며 자신만만하게 앞장섰는데 2시간 만에 탈

진해서 구급차에 실려 나온 것이다.

예상과 달리, 사막은 만만한 곳이 아니었다. 2시간을 내리 걸어도 눈앞의 바다가 도무지 가까워지지 않았다. 이후로 나는 그 프로그램을 겸손한 자세로 시청하게 되었다.

그런 사막을 온종일 걸어간 것은 죽음을 자청한 것과 같다. 엘리야가 얼마나 힘들고 지쳤으면 광야를 종일 걸어가 "지금 내 생명을 거두시옵소서"(왕하 19:4)라며 죽여달라 했을까.

그토록 강력한 영적 지도자가 왜 쓰러질까? 그의 내면에 '아무 것도 남지 않았다'라는 절망감이 있었기 때문이다. 자의식에 아무런 희망과 가능성이 없다는 부정이 뿌리내리면, 그토록 능력 있던 믿음의 거장도 하루아침에 무너진다.

그가 대답하되 내가 만군의 하나님 여호와께 열심이 유별하오니 이는 이스라엘 자손이 주의 언약을 버리고 주의 제단을 헐며 칼로 주의 선지자들을 죽였음이오며 오직 나만 남았거늘 그들이 내 생명을 찾아 빼앗으려 하나이다 왕상 19:14

하나님을 위해 열심히 충성한 종이 이 땅에 오직 나밖에 없다는 것이다. 오직 나만 남았다는 것은 끝났다는 말이다. 한 사람이 절망하고 넘어지는 것은 상황의 문제가 아니다. 훨씬 더 어려운 상황에서도 승리했던 엘리야가 무너진 것은 마음의 시선이 비뚤어지기 시작했기 때문이다.

아무것도 남지 않았음을 바라보는 절망의 시선이 그를 집어삼 켰다. 바로 그것이 마귀가 노리는 것이다. 마귀는 자꾸만 우리 마 음과 시선을 속이고 빼앗아 없는 것을 보게 한다.

그러나 하나님은 항상 희망을 보여주신다. "내가 이스라엘 가 운데에 칠천 명을 남기리니 다 바알에게 무릎을 꿇지 아니하고 다 바알에게 입 맞추지 아니한 자니라"(왕상 19:18)라고 하시며 엘리 야의 시선을 돌리셨다.

남은 자, 하나님이 남겨두신 희망

'남은 자'는 구약 성경에서 아주 중요한 핵심 개념이다. 이스라 엘 민족의 패망, 완전히 무너진 성전과 남유다 왕조의 몰락 속에 도 '남은 자'의 은혜가 또한 기록되어 있다.

이스라엘 백성은 하나님의 은혜를 누리면서도 틈만 나면 우상 을 숭배하고 세상으로 고개를 돌리며 그분을 버렸기에 하나님은 그들을 심판하고 징벌하실 수밖에 없었다. 하지만 그 노를 영원 히 품지 않으시고 그들 중에 '남은 자'를 두어 구속의 역사가 흘러 가게 하셨다.

북이스라엘은 이미 멸망하고 유다밖에 남지 않은 히스기야의 시대, 산헤립이 쳐들어와서 유다마저 멸망시키려고 하는 그 위기 의 때에 하나님께서 말씀하셨다.

> 유다 족속 중에서 피하고 남은 자는 다시 아래로 뿌리를 내리고 위로 열매를
> 맺을지라 남은 자는 예루살렘에서부터 나올 것이요 피하는 자는 시온산에서
> 부터 나오리니 여호와의 열심이 이 일을 이루리라 하셨나이다 하니라
>
> **왕하 19:30,31**

반드시 뿌리를 내려 희망의 열매를 맺게 하시겠다는 것이다. 그 남은 자는 예루살렘과 시온, 즉 예배와 교회 등 신앙생활의 본질 가운데 반드시 다시 회복될 텐데 '하나님의 열심'이 그것을 이루시겠다는 것이다.

결국 유다마저 패망하고 예루살렘과 성전이 무너졌으나 그때도 하나님은 '남은 자'를 두셨다. 살아남은 자가 포로 되어 바벨론으로 끌려가는 것은 치욕스러운 역사 같지만, 알고 보면 이 또한 하나님의 은혜다. 남은 자들이 이방 나라에 노예처럼 끌려간 것이 사람들의 눈에는 희망이 없는 것처럼 보이나, 하나님은 '가능성'으로 보셨다.

말씀하신 70년이 지나 때가 이르자, 하나님은 바사 왕 고레스의 마음을 감동시켜 유다 백성을 귀환시키게 하셨다.

> 이에 토지가 황폐하여 땅이 안식년을 누림같이 안식하여 칠십 년을 지냈으니
> 여호와께서 예레미야의 입으로 하신 말씀이 이루어졌더라 바사의 고레스 왕 원
> 년에 여호와께서 예레미야의 입으로 하신 말씀을 이루시려고 여호와께서 바사

의 고레스 왕의 마음을 감동시키시매 그가 온 나라에 공포도 하고 조서도 내려 이르되 바사 왕 고레스가 이같이 말하노니 하늘의 신 여호와께서 세상 만국을 내게 주셨고 나에게 명령하여 유다 예루살렘에 성전을 건축하라 하셨나니 너희 중에 그의 백성 된 자는 다 올라갈지어다 너희 하나님 여호와께서 함께하시기를 원하노라 하였더라 대하 36:21-23

고레스는 하나님을 믿지 않는 왕인데도 그 마음이 감동되어 유다 백성들에게 다 올라가 성전을 지으라고 공포하고, 예루살렘 성전을 건축하도록 국고를 열어서 지원했다. 이에 따라 1차 귀환 때 5만 명, 2차 귀환 때 1만여 명이 돌아와서 성전을 건축했다. 초라하게 끌려갔던 자가 희망의 가능성이 되었다.

'남은 자'의 은혜가 우리에게도 흐르고 있다. 하나님은 끝난 것 같지만 끝나지 않은 역사를 이어가시고, 반드시 희망의 남은 자를 주셔서 우리를 회복시켜주신다.

하나님의 열심이 당신의 자녀와 가정, 직장과 기업을 살리신다. 할렐루야! 남은 자를 통하여 예루살렘과 시온산으로부터 큰 은혜와 소망을 노래하게 하신 하나님을 찬양하라!

우리에게 남겨두신 기름 그릇들

아무것도 남지 않은 듯한 척박한 내 인생 가운데서도 하나님의 역사를 기대한다면 단념하지 말고 반드시 찾아내야 할 '기름 한 병'이 있다. 기적과 희망의 단초가 되도록 아직 내 삶에 남아 있는 것, 하나님이 남겨두신 것에는 어떤 것이 있을까?

복된 만남

선지자 생도의 과부처럼 어렵고 핍절할 때 가장 우리를 아프게 하는 것은 사람이 주는 상처일 때가 많다. 문제 그 자체보다도, 지금 당장 먹고살 것도 없는데 찾아와서 그 아들을 종으로 달라고 하는 빚쟁이처럼 안 그래도 힘든데 모질게 굴고 등 돌리고 배신하는 그 힘든 인간관계 때문에 무너지는 것이다.

그런데 하나님은 반드시 만남을 통해 복을 주신다. 끝난 것 같고 절망할 때, 기이하게 하나님께서 보내신 만남이 있다. 생각해 보면 나도 다 포기하고 내려놓고 싶을 때, 절망적인 가짜들도 있었지만, 그때마다 기가 막히게 맞는 진짜의 만남들이 꼭 있었고 그 만남 하나로 다시 희망을 얻고 다시 일어났다.

잘 둘러보라. 당신을 위해 기도하는 사람이 있다. 당신을 위해 축복하고 간구하는 주의 종이 있다. 가짜들이 다 떠나가도 당신이 내미는 손을 잡아줄 진짜가 어딘가에 있다. 하나님이 우리에게 반드시 그 만남을 주신다.

기도

그 과부가 아무것도 없다고 절망했지만 그래도 부르짖을 용기와 기도의 힘이 있었던 것처럼, 우리에게도 하나님께 간절히 부르짖어 외칠 '기도의 권세'라는 기름 한 병이 남아 있다.

성도가 세상 사람들과 다른 점이 바로 이것이다. 하나님을 알지 못하는 세상 사람들은 고난이 오면 딱 세 가지로 반응한다. 절망하든가, 그래서 포기하든가, 아니면 누군가에게 책임을 전가하며 원망하고 불평하든가. 그러나 하나님의 백성은 그 시간에 기도한다. 우리는 기도할 수 있는 자들이다.

영국의 설교자 존 블랜차드(John Blanchard)는 "기도를 마지막 해결책이 아니라 첫 번째 해결책으로 삼아야 한다"라고 말했다. 놀랍게도 많은 사람이 딴 것 다 해보고 나서 더 이상 할 수 있는 게 없을 때에야 이제 기도밖에 남지 않았다고 한다. 물론 마지막 기도라도 하는 게 안 하는 것보다 낫지만, 그 귀한 기도를 마지막에 사용하는 것인가?

야구에서도 가장 잘하고 뛰어난 에이스 선수를 제1선발로 내세우지 그를 뒤로 돌리지 않는다. 그렇듯 우리의 에이스는 기도여야 한다. 기도는 용사의 검이자 사자의 이빨과도 같은 가장 강력한 무기다. 이 무기를 최후의 방법으로 뒤로 빼놓지 말고, 가장 먼저, 최우선 가치요 최선의 방법으로 삼아라.

희망

오늘이 끝이고 이 모습이 내 마지막이라면 너무 힘들고 지칠 것이다. 그러나 우리는 이렇게 끝나지 않는다. '끝'(End)이 아니라 '그리고'(And)가 있다. 하나님은 우리에게 내일, 자녀, 소망이라는 기름 한 그릇을 우리에게 남겨주셔서 힘겨운 오늘을 살아낼 수 있게 하셨다.

3년 반 동안 비가 내리지 않아 말라비틀어진 땅, 간절히 기도해도 변화가 없는 막막한 순간에도 기도를 포기하지 않을 때 저 바다 건너에 떠오른 사람 손바닥만 한 구름 한 조각의 희망만 있어도 우리는 살아야 한다. 구름 같은 희망의 말씀만 주어져도 그걸 믿고 바라보며 살아가야 한다.

에스겔서 37장의 마른 뼈다귀 같은 처절한 상황 속에서도 하나님의 말씀이 소망으로 찾아오면 우리는 어떻게든 버티고 견뎌야 한다. 하나님께서 생기를 불어오게 하셔서 그 뼈들을 살리고 군대로 세우실 것을 기대하며 일어나야 할 것이다.

신앙이란 오늘의 현실이 아니라 내일의 희망을 바라보는 것이다. 오늘 넉넉하고 완벽해서 행복해하는 게 아니라 하나님께서 주신 약속에 반응하여 내일을 소망하면서 약속의 말씀을 붙잡고 살아가는 게 신앙인의 삶이다.

우리는 내일의 희망에 반응하며 살아가는 사람이다. 오늘 나는 절망의 밑바닥에 지쳐 쓰러져 울어야 하는 상황인데, 하나님의 약속을 바라보니 찬양할 수 있는 것이다.

여호와의 말씀이니라 너희를 향한 나의 생각을 내가 아나니 평안이요 재앙이
아니니라 너희에게 미래와 희망을 주는 것이니라 렘 29:11

하나님밖에 없다는 것이 어째서 절망인가

사람들이 포기하고 슬픔에 겨워하는 것은 내 삶에 아무것도 남
아 있지 않다는 절망감으로 무너지기 때문이다. 그러나 대적 앞
에서 무기도 갑옷도 없이 너무도 초라했던 다윗은 가진 게 없다
고 절망하지 않고 "내게는 하나님이 있다"라고 외쳤다.

다윗이 블레셋 사람에게 이르되 너는 칼과 창과 단창으로 내게 나아 오거니와
나는 만군의 여호와의 이름 곧 네가 모욕하는 이스라엘 군대의 하나님의 이름
으로 네게 나아가노라 삼상 17:45

다윗은 세상의 어떠한 무기보다 강력한 것은 '하나님'이심을 믿
고 "전쟁은 여호와께 속한 것인즉 그가 너희를 우리 손에 넘기시
리라"(삼상 17:47)라고 선포했다. 그는 물맷돌을 손에 들고 골리
앗을 향해 달려갔고, 하나님은 그 물맷돌 하나를 골리앗을 무너
뜨리는 승리의 도구로 사용하셨다.

이스라엘 군대에서 그들이 그토록 두려워한 골리앗에게 죽은 사람은 한 명도 없었다. 두려움과 절망이 그들을 주저앉혔을 뿐이다. 남은 가능성을 바라보지 못하면 '절망과 두려움'이라는 대적에 잠식당하여 침몰한다. 두려움의 허상을 깨라. 물질과 상황의 문제가 절대로 당신을 해할 수 없다.

저물어가는 빈들에 남자만 5천 명, 여자와 아이들까지 하면 약 2만 명이 넘는 큰 무리가 모였지만, 먹을 음식이 하나도 없었다. 빵집과 큰돈이 있다고 해도 그 많은 빵을 다 구할 수 없었을 텐데 더욱이 그곳은 광야 한복판이었다.

그곳에서 작고 초라한 어린아이의 도시락이 오병이어의 기적을 불러오는 도구로 사용되었다. 그 작은 것으로 5천 명을 먹이고도 열두 바구니가 남는 축복을 주신 하나님, 절망을 상징하던 기름 한 병을 사랑과 리필의 공급 통로로 사용하시는 그분이 바로 나와 당신의 하나님이시다. 내게 있는 것으로 오병이어의 기적을 일으키시는 분이다.

그 하나님을 믿는다면 세상 사람들과 똑같이 반응해선 안 된다. 땅이 꺼질 듯 한숨 쉬며 입술에 부정적이고 비관적인 말, 절망의 탄식과 분노로 가득한 원망과 불평을 채울 때가 아니다. "하나님, 저 좀 살려주세요. 저를 떠나지 마세요. 버리지 마세요!"라고 간절히 부르짖으며 하나님께 매달릴 때다.

다른 건 다 있더라도 하나님이 없다면 절망해야 하지만 다른 건 다 없어도 당신의 가정과 인생이 하나님을 붙든다면 승리를 예감하고 멋진 미래를 기대할 수 있다.

상담하러 와서 "모든 것을 다 잃고, 저는 이제 하나님밖에 없습니다"라며 눈물 흘리는 분에게 내가 이렇게 답했다.

"그러면 됐죠."

우리는 하나님밖에 남지 않았다면서 절망한다. 그런데 우리가 "내게 하나님밖에 없다"라며 절망하는 것은 물고기가 "나에겐 바다밖에 없다"라고 절망하는 것과 같다. 물고기에게 바다 있으면 됐지, 무엇을 더 바라는가.

당신에게도 반드시 남은 것이 있다

아무것도 없는 것처럼 보일 때도 반드시 남은 것이 있다. 세 손가락으로 아름답게 피아노를 연주하는 자매가 있다. 팔과 다리가 없어도 절망하지 않고 세계를 다니며 하나님께 영광을 올리는 청년이 있다. 입술의 힘으로 붓을 물고 그림을 그리는 아름다운 화가가 있다.

"신에게는 12척의 배가 아직 남아 있습니다."

왜적의 수많은 군함 앞에 아군의 함대는 절망스러울 만큼 초라했으나 이순신은 없는 것을 바라보는 대신, 남아 있는 단 12척의 배로 왜적의 배 133척을 물리쳐 전 세계 해군 전쟁사에 기록되는 놀라운 기적의 승리를 거두었다.

만약 이순신이 자신에게 없는 것을 바라봤다면, 우리 민족의 역사는 어떻게 바뀌었겠는가? 단 한 사람이라도 남은 한 줄의 가능성을 바라볼 때 새로운 기적의 역사가 시작된다.

절망하지 말라. 절대로 끝난 것이 아니다. 하나님은 우리와 그 가정에 남겨진 인생의 희망 한 조각으로도 놀라운 은혜의 소낙비를 내리신다. 당신에게 무엇이 남아 있는지를 보라. 내게 남은 것을 바라보는 시선이 바로 승리의 마중물이다.

그 과부에게 기적은 남은 기름 한 병 자체가 아니라 그녀에게 하나님을 의지할 수 있는 믿음이 있었다는 사실이다. 당신에게도 가능성이 남아 있다는 것을 믿어야 한다. 절망이라고 여겼던 그 기름 한 병으로 마르지 않게 공급하시는 하나님의 긍휼과 은혜를 생각하여 당신에게 무엇이 남아 있는지를 찾아보라. 그것을 반드시 발견하라.

아직도 당신에게는 생명과 호흡이 있다. 믿음과 신앙이 있다. 든든한 버팀목 같은 동역자와 예배할 수 있는 아름다운 교회가 있다. 가족과 자녀가 있다. 주님이 주시는 이 귀한 만남과 희망과 붙잡을 신앙과 기도의 줄이 있다면 당신은 이미 승리자다.

무엇보다, 당신을 사랑하시는 주님이 계신다. 당신에게 남은 마지막 한 줄이 '우리 하나님'이라면 기뻐하라. 당신의 인생에 아름다운 노래를 그분께서 이미 작곡해두셨으니까 말이다.

다윗은 "여호와는 나의 빛이요 나의 구원이시니 내가 누구를 두려워하리요 여호와는 내 생명의 능력이시니 내가 누구를 무서워하리요"(시 27:1)라고 노래했다. 당신도 하나님만이 내 능력이심을 노래하는가? 아니면 내게 무기가 없다는 사실만 보면서 절망하고 있는가?

하나님은 당신이 자신에게 남은 가능성을 발견하여 하나님을 노래하고 연주하는 주인공이 되기를 바라신다. 당신의 삶에 남은 '한 줄'의 희망과 가능성, '한 병'의 기름이 큰 축복과 은혜의 세계로 인도할 것이다.

하나님께서 역사하실 것을 믿으며 당신의 삶을 맡겨드려라. 그분은 당신에게 남은 한 줄의 가능성으로 당신 인생의 〈G선 상의 아리아〉를 아름답게 연주해주실 것이다.

버티고 견디고 살아내라

초판 1쇄 발행	2024년 12월 31일
초판 3쇄 발행	2025년 1월 24일

지은이　　　　안호성

펴낸이	여진구		
책임편집	최현수 구주은		
편집	이영주 박소영 안수경 김도연 김아진 정아혜		
책임디자인	노지현 정은혜 | 마영애 조은혜		
홍보 · 외서	진효지		
마케팅	김상순 강성민	마케팅지원	최영배 정나영
제작	조영석 허병용	경영지원	김혜경 김경희

303비전성경암송학교 유니게 과정
이슬비전도학교 / 303비전성경암송학교 / 303비전꿈나무장학회

펴낸곳　　　　규장

주소　06770 서울시 서초구 매헌로 16길 20(양재2동) 규장선교센터
전화　02)578-0003 팩스 02)578-7332
이메일 kyujang0691@gmail.com　　　　　　　　홈페이지 www.kyujang.com
페이스북 facebook.com/kyujangbook　　　　　　인스타그램 instagram.com/kyujang_com
카카오스토리 story.kakao.com/kyujangbook
등록일 1978.8.14. 제1-22

ⓒ 저자와의 협약 아래 인지는 생략되었습니다.
이 출판물은 저작권법에 의해 보호를 받는 저작물이므로 무단 전재와 무단 복제를 할 수 없습니다.

책값　뒤표지에 있습니다.
ISBN　979-11-6504-588-3 03230

규 | 장 | 수 | 칙

1. 기도로 기획하고 기도로 제작한다.
2. 오직 그리스도의 성품을 사모하는 독자가 원하고 필요로 하는 책만을 출판한다.
3. 한 활자 한 문장에 온 정성을 쏟는다.
4. 성실과 정확을 생명으로 삼고 일한다.
5. 긍정적이며 적극적인 신앙과 신행일치에의 안내자의 사명을 다한다.
6. 충고와 조언을 항상 감사로 경청한다.
7. 지상목표는 문서선교에 있다.